湛庐CHEERS

与最聪明的人共同进化

HERE COMES EVERYBODY

CHEERS
湛庐

The Scientist in the Crib

孩子如何学习

What Early Learning Tells Us About the Mind

[美] 艾莉森·高普尼克
Alison Gopnik
[美] 安德鲁·梅尔佐夫
Andrew N. Meltzoff
[美] 帕特里夏·库尔
Patricia K. Kuhl 著

林文韵 杨田田 译

浙江科学技术出版社·杭州

测一测

科学家和婴儿床的关系，你了解吗

扫码加入书架
领取阅读激励

扫码获取全部测试题及答案，
一起了解孩子的学习特性

- 人类是否具有想要解释事物的内驱力?

  A. 是

  B. 否

- 婴幼儿在思考、观察和推理的过程中是否也有像科学家一样的自我意识?

  A. 是

  B. 否

- 与其说孩子是小小科学家，不如说科学家是大孩子。这句话的意思是：（单选题）

  A. 科学家天真得像孩子

  B. 科学家的智力与孩子一样

  C. 科学家与孩子一样爱玩耍

  D. 科学家的能力也许是其在婴儿时期学习能力的延续

扫描左侧二维码查看本书更多测试题

献给我们的孩子们

你的外在身形远远比不上
内在灵魂的宏广；
卓越的哲人！保全了异禀英才，
你是盲人中间的明眸慧眼，
不听也不说，谛视着永恒之海，
永恒的灵智时时在眼前闪现。
超凡的智者，有福的先知！
真理就在你心头栖止，
为寻求真理，我们辛劳了一世，
……
孩子呵！如今你位于生命的高峰，
因保有天赋的自由而享有尊荣，
……

——威廉·华兹华斯《咏童年往事中的永生的信息》[1]

---

① 译文选自杨德豫译作《华兹华斯抒情诗选》，湖南文艺出版社，1996年12月出版。——译者注

最懂孩子学习的
顶级心理学家

国际公认的儿童学习与发展
研究领袖

艾莉森·高普尼克

Alison Gopnik

ALISON GOPNIK

勇于挑战“皮亚杰”的儿童心理学家

要问过去 20 多年来心理学和哲学领域最重要的突破性研究是什么，那就是科学家们发现了孩子不同于成人的独特学习能力。

过去，人们常把孩子看作不完整的人，但最近 10 多年，科学家和哲学家研究发现，孩子并不像著名心理学家皮亚杰理解的那样——缺乏共情能力和道德意识，只拥有有限的感觉和知觉。相反，孩子不仅比成年人更善于学习，他们还充满了创造力，并且在很小的时候就拥有了一些道德意识。

成就这一研究成果的重要人物，就是心理学家艾莉森·高普尼克。高普尼克早年学习哲学，后进入牛津大学，获得实验心理学博士学位。她结合神经科学、哲学和心理学知识，系统研究了婴幼儿的认知过程。

高普尼克认为，漫长的童年就是人类专属的学习期，它使孩子成为全宇宙最高级的学习者。通过比较孩子和成人的意识，高普尼克得出结论：对所有人类而言，孩子是真理、爱和人生意义的最大来源。

“心理理论”创始人之一，联姻哲学与心理学

高普尼克是国际公认的儿童学习与发展研究领袖，也是第一个从儿童意识的角度深刻剖析哲学问题的心理学家。

“心理理论”假设人类先天能够以推理方式理解自己以及周围人的心理状态，并根据推理做出合乎社会期待的反应与行动。这个理论源于哲学，进入心理学领域后，慢慢成为认知心理学与神经科学的研究重点之一。

高普尼克撰写并发表了大量学术和科普文章，并成为加利福尼亚大学（简称“加州大学”）第一位拿到摩尔杰出访问学者奖学金的心理学家，她同时获得了斯坦福大学行为科学高级研究中心奖学金、牛津大学万灵学院杰出访问奖学金、剑桥大学国王学院杰出访问奖学金的资助。

儿童心理理论受到高度关注，高普尼克曾就此在美国科学促进会、美国哲学学会及诸多儿童福利机构发表演讲，她也是第一位就这一主题在美国心理学会上发表演讲的人。2013 年 4 月，高普尼克进入美国人文与科学院。

用数学模型走进孩子心智迷宫的科学家

曾获 2011 年图灵奖的人工智能专家朱迪亚·珀尔（Judeal Pearl）说：“艾莉森·高普尼克是第一批用数学模型来解释儿童如何学习的心理学家之一。”高普尼克在加州大学伯克利分校儿童研究中心的工作就是研究这种数学模型。

作为 3 个孩子的妈妈，以及 3 个孩子的祖母，高普尼克一直仔细观察自己家孩子们的成长，并从中印证她的研究成果。在孩子天生会学习系列的 3 本书中，高普尼克用贝叶斯算法解释了孩子对因果推理的娴熟运用，其中《孩子如何思考》入选美国育儿网站 Babble“50 本最佳育儿图书”，《园丁与木匠》荣获美国认知学会年度最佳图书奖。

高普尼克在 TED（技术、娱乐、设计）大会上就“婴儿在想什么”这一主题进行的演讲，点击量已超过 300 万次，她还在《查理·罗斯秀
《科尔伯特报告》等脱口秀节目中亮相。她
文章和评论见于《纽约时报》《卫报》《华
顿邮报》《纽约客》《科学人》等美国各大媒体

作者演讲洽谈，请联系
BD@cheerspublishing.com

更多相关资讯，请关注

湛庐文化微信订阅号

湛庐CHEERS 特别制作

摇篮里的科学家

科学家和婴儿床有什么关系？没错，我们写作本书的目的就是要告诉读者，科学家、婴儿床以及婴儿床里的孩子是紧密相连的。在过去的 30 年中，许许多多科学家和我们一样，一直将目光投注在婴儿床、游戏围栏、托儿所和幼儿园里。成百上千的严谨科学研究揭示了婴儿和幼儿是如何思考与学习的。这些研究颠覆了我们对婴幼儿的认识，也颠覆了我们对人类心智和大脑本质的认识，并帮助我们解答了一些古老而又深刻的哲学问题。我们从婴儿床和托儿所里学到的东西，跟透过培养皿和望远镜学到的一样多。从某种程度上讲，前者教会我们的东西更多：我们学到了生而为人的意义。

在这本书里，我们要讲述关于儿童心智这一新兴科学的故事。对于所有对心智与大脑感兴趣的人来说，这个故事可谓意义非凡，因为它是认知科学这门新学科的核心组成部分。认知科学融合了心理学、哲学、语言学、计算机科学与神经科学。新的科学见解往往产生于未曾预料甚至毫不起眼的地方，而认知科学中一些十分重要的见解便来源于婴儿床和托儿所。理解孩子让我们得以用全新的方式理解自身。

科学家与孩子紧密相连还体现在另一个方面。新的研究表明，婴幼儿对世界的认知和了解远远超乎我们的想象。他们会思考、得出结论、做出预测、寻求解释甚至进行实验。婴幼儿和科学家一样，都是宇宙间最优秀的学习者。这意味着普通成人同样拥有超出我们自身预期的更加强大的学习能力。毕竟，成人曾经都是孩子，都是潜在的科学家。

我们还希望通过本书向读者展示科学家和孩子之间关联的其他方面。父母通常对孩子抱有深沉甚至狂热的兴趣，至少对自己的孩子如此。但是父母们发现，他们对孩子的兴趣与对科学的兴趣是不同的。科学书籍的作者假定其读者是严肃、见多识广、聪明而又成熟的成年人，认为这些人纯粹是想要对自己关注的事物建立认知；而有关婴幼儿的读物则无一例外，全是建议类书籍，也就是指导手册。这就好比你只能通过犬类繁殖手册，而不是通过斯蒂芬·古尔德（Stephen Jay Gould）的著作来了解生物进化；又好比对于不了解史蒂芬·霍金见解的门外汉来说，关于宇宙的知识不外乎“如何识别星座”。指导手册并非没有用处，但是它们不应当成为父母了解如孩子这般重要的事物的唯一渠道。

我们希望本书能够填补这一空白。儿童心智科学应当能够强烈地吸引那些与婴幼儿朝夕相处的人。由此呈现出来的孩子形象既令人惊讶的熟悉，又出人意料的陌生。相信父母们在阅读本书的过程中可以感受到熟悉的触动，也能感受到新奇的震撼。

科学家与孩子息息相关还有另外一个理由。每个人都应当对儿童感兴趣，因为世界的未来实实在在取决于我们的孩子。近年来，人们对这一点有了越来越多的认识。然而要想正确制订有关儿童的公共政策，必须准确理解科学研究的结果。公民想要做出有关儿童的正确决策，不能单靠那些经验常识或专家建议，而必须了解科学告诉了我们什么，以及没有告诉我们什么。

最后要说明的是，在本书的写作过程中，我们遇到了一个科学家在试图解释其科学研究时面临的普遍问题。科学是优雅而有序的，但它又是复杂且多样的，总是被卷入无尽的争议和辩论中。因此，我们努力向读者呈现我们认为最有趣的实验、结论、观点和猜想，但是我们不可能面面俱到地展现出这一领域的纷繁复杂性。我们会努力向读者指明，我们何时是在谈论自己的观点，何时是在谈论被普遍接受的观点，同时也会指出众多尚未得到解答的问题。

目录

01 古老的问题与年轻的科学

THE SCIENTIST IN THE CRIB

我们每个人一开始都是躺在婴儿床里的无助生物。这个生物只接收到零星的外界信息，比如若干光子触碰到了视网膜，些许声波引起了鼓膜的振动，但最终能尽知天下事。我们是怎么做到的？

上楼，轻轻推开房门，朝婴儿床里看一眼。你看见了什么？绝大多数人看到的是纯真与无助，或者说是一张白纸。但事实上，你在婴儿床里看到的，可是亘古以来最了不起的心智，是全宇宙最强大的学习机器。那小小的手指和嘴巴是探索周围陌生世界的探测装置，其精密程度远超任何火星车；那皱巴巴的小耳朵能将捕捉到的那些令人费解的声响完美地转换成有意义的语言；那瞪大的眼睛有时似乎能够窥视你的灵魂深处，没错，他的确在破译你隐藏最深的情感。那个长着柔软毛发的小脑袋里，新的神经连接正在以每天几百万个的速度形成。至少过去 30 年的科学研究是这么说的。

这是一本关于这些研究的书。那些被我们唤作“孩子”的如此熟悉而又陌生的生物，到底是一种什么样的存在？当然，人类自古以来就对自己的孩子感到好奇，大家不断思考，甚至在痛苦煎熬。但是大多时候，人们提出的问题都相当务实。一些问题十分迫切，诸如怎样让孩子多吃饭、少哭闹；一些问题则是长期的，比如如何培养他们成长为优秀的人。这些问题对于任何人类文明、任何父母的生存来说都至关重要，但是我们不会就这些问题谈论太多。这本书不会告诉你如何让孩子更听话、更聪明或更乖巧，如何哄孩子睡觉或者如何把孩子送进名牌大学。专门教这些的书多的是，至少它们声称自己的确有用。这些书就在你家附近书店的烹饪类书架和房屋修缮类书架之间的架子上摆着呢。和这些务实的问题比起来，我们的问题更难，也更简单。我们想要理解孩子，而不是改变他们。

尽管那些声称能够回答所谓务实性问题的书充斥着大街小巷，但是所有与婴幼儿一起生活过或仅仅看过他们一眼的人，都会禁不住提出更加深刻的疑问。我们之所以选择发展心理学来研究孩子，是因为在没有火星人的情况下，我们所能找到的最接近真正外星智慧的就是这些小身材、大脑袋的聪明生物，尽管我们偶尔也会怀疑他们是不是一心想要把我们变成他们的奴隶。

婴儿令人着迷，他们是那么神秘，那么不可思议。好好观察，我们会发现，一个 3 个月大的婴儿看到了购物袋上的条纹，在爸爸拎着购物袋四处走动的时候，他总能目不转睛地盯着条纹看。一个 1 岁大的孩子来到动物园，兴奋地指着一头大象，万分确定地说道："狗狗！"一个"不可理喻"的 2 岁小孩来到一再被叮嘱禁止触碰的计算机键盘旁边，一边看着妈妈，一边不慌不忙地把妈妈在计算机上做的一整天工作删了个精光。不管是谁，在给孩子换尿布、擦鼻涕的时候都不禁要惊呼："他那小脑袋瓜里到底在想什么？他又是从哪里学到的这些本事？"

发展心理学家有幸能够系统地探究这些问题，甚至还找到了答案。事实上，我们已经开始逐渐理解他们的小脑袋里到底在想什么，以及到底是从哪里学到的那些本事了。

研究婴儿这件事本身已经足够让人着迷，而发展心理学的研究同时还有助于解答另外一个更加广泛、深刻而古老的问题，这个问题不仅关乎孩子，更关乎我们自身。人类的身体不过由几十千克的蛋白质和水构成，然而人类却在逐步揭示宇宙起源的奥秘和生命的本质，甚至对人类自身也有了相当的了解。没有任何其他动物的知识和能力能够与人类相提并论，甚至最发达的计算机也不行。然而我们每个人一开始都是躺在婴儿床里的无助生物。这个生物只接收到零星的外界信息，比如若干光子触碰到了视网膜，些许声波引起了鼓膜的振动，仅此而已。可是，我们最终竟能尽知天下事。我们是怎么做到的?

有关婴儿的最新研究也包含了这些问题的答案。结果证明，那种让我们能够知晓世间万物的能力的源头就潜藏在婴儿期。

> **我们天生拥有参透宇宙奥秘和解开心灵密码的能力，以及为之探索和实验的动力，不解开这些谜题就不会停歇。科学并非仅仅是曲高和寡的精英团体的专属领地，科学所做之事与我们每个人幼年时的学习成长如出一辙。**

努力解读人性是人性的一部分。科学家和他们所研究的孩子一样，两者从事的是相同的事业，使用的是相同的认知工具。当一名科学家朝婴儿床里窥视，寻找有关人类心智、世界和语言运作规律这些最深刻的问题的答案时，他正好看到婴儿床里的小小科学家也在向外窥视。后者做的事情与前者八九不离十，难怪双方会相视一笑。

三个古老而深刻的哲学难题

我们的感官有这么多局限，可我们为何能够懂得如此之多？这一知识之问（the problem of knowledge）是哲学上最古老也最深刻的问题之一。认识论便是专门研究这一问题的哲学分支。成人也好，孩子也罢，关于这个问题的三个版本对两者来讲都尤为重要，也让两者大为困惑，我们称其为他心问题（the Other Minds problem）、外部世界问题（the External World problem）以及语言问题（the Language problem）。新的发展心理学最新研究有助于解答以上三个问题。

以一个再普通不过的事件为例。每周日晚，一家人都会围坐在餐桌旁吃晚餐。吃饭期间，我们会盛一碗韭菜土豆汤，喝完再吃甜点，还会互相传递盐罐和胡椒研磨罐，给面包涂上黄油，吃完饭后会将椅子推回到大木头餐桌下面。我们欢笑、打闹，相互取笑。哥哥跟以往一样，讲了一个粗鲁的笑话以捉弄弟弟，弟弟觉得伤自尊了，要求哥哥道歉。这是再平常和熟悉不过的家庭琐事了。然而，这一切都不是我们的真实体验。

我们从外界接收到的真实信息只不过是色与形、光与声的交织互动。以餐桌旁的人们为例，我们自以为看到了丈夫、妻子、朋友和弟弟，然而我们真正看到的不过是一个个由皮肤构成的袋子，它们被塞在一片片的布料里，并被搁在椅子上。袋子顶部有两个不安分的小黑点在活动，小黑点下方有一个洞，这个洞会不规则地发出声响。袋子的移动方式不可预料，有时某个袋子会触碰到我们。洞的形状会发生改变，偶尔还会有含盐分的液体从两个小黑点中涌出。

上述看待他人的方式无疑会让人抓狂，简直如噩梦一般。他心问题探讨的就是我们如何将这种疯狂的视角转变为日常看待他人的正常体验。为什么我们看到的不是皮囊袋，而是丈夫、妻子和孩子，那些和我们一样既有思想又有情感、既有信仰又有欲望、被人伤了自尊会要求道歉的人呢？

同样，我们甚至没有看到房间里的物体。随着视线的变化，那个被我们称为桌子的褐色有边界物体的形状无时无刻不在发生着改变。勺子和胡椒研磨罐这些很明显的三维立体物件在我们的眼睛看来其实只是一些平面图。手中勺子摸起来的感觉和我们看到的形状大不相同。桌子的表面根本连不起来，被碟碗遮挡的部分是一片空白。汤从碗到汤匙再到人的嘴里，最后完全消失，只留下喉咙里一股温热的感觉，在这个过程中，其形态的变化更是异常剧烈。我们似乎认识一个由餐桌、汤匙和汤这些物体组成的世界，它们的属性独立于我们而存在，不受我们的影响。但我们的直接体验其实仅仅是无尽变化且毫无章法可言的感觉流（chaotic flow of sensations）。这就是外部世界问题。

从皮囊袋上的洞里发出的声音恐怕才是最致命的问题。想象一下，你来到一个陌生的国度，坐在一间咖啡馆里。刹那间你会明白，那些不自觉地飘浮在餐桌周围的想法、玩笑和道歉的话语，其实只是一连串经过精细调制、以极快速度交替出现的噪声，这些噪声之间的差异极其细微。实际上，词语只不过是由空气的振动形成的一声转瞬即逝的低语，这种振动仅持续数毫秒，旋即被下一个振动替代。即使是最先进的计算机也很难解码一个人用平静的语调说出的连续话语。然而对我们来讲，词语完全可以忽略不计，因为我们体验到的仅仅是讲话人传递的信息。我们能够听懂一个嘴里含着汤的小男孩义愤填膺地说出的一句话，可以不费吹灰之力地把这句话转换成一个想法。这就是语言问题。

就连餐桌上生性敏感的 3 岁小弟弟也可以做到以上所有事情。他体验到的是哥哥在逗他，而不是皮囊袋在移动；他看到的是桌子、勺子和汤，而不是没有差别的色彩和形状；他还能立刻理解那个粗鲁玩笑的意思，也能理解道歉的话语，而这些话语究其本质不过是一些稍纵即逝的振动。他是如何做到的?

神奇的宝宝 0.0

当代对这一问题的回答是：婴儿是一种十分特殊的计算机。这种计算机不是由硅片构成的，而是由神经元组成的，编写程序的也不是那些程序员，而是进化。婴儿从世界中获得输入，即转瞬即逝的无章感觉，然后和我们一样，将这些输入设法转换成玩笑、道歉、桌子和勺子。作为发展心理学家，我们的工作就是探索婴儿在运行怎样的程序，在将来的某一天，我们还会发现这些程序是如何在他们的大脑里编写以及如何进化的。如果能做到这一点，那么我们便从科学的角度解答了知识之问这个古老的哲学问题。

将婴儿的心智看作由神经元组成、由进化编程的计算机，让我们得以用不同的视角看待婴儿，也以不同的视角看待计算机、神经元和进化。婴儿这台计算机必定比硅谷最了不起的产品还要强大。比尔·盖茨的小女儿已经解决了她那亿万富翁父亲至今无法攻破的难题。新的发展心理学研究告诉我们，宝宝 0.0 必定拥有一些相当非凡的特征。

第一，这台计算机的初始程序里必定预装了大量关于世界的知识。这本书里将会讲到的科学实验表明，即便是新生儿，也已经对人、物和语言有了很多了解。更重要的一点是，婴儿拥有可同步修改、重塑和重构知识的强大学习机制，而这恰巧是当下计算机的一大弱点。如今的计算机对于解决界定清晰的问题十分在行，但对于学习的热情却不高，在即时调整学习方式方面更是糟糕透顶。最后，婴儿们拥有全宇宙最给力的技术支持系统：妈妈。成人自身的天性决定了他们的行为方式是有利于婴儿学习的。实际上，这样的支持在婴儿的发展过程中发挥着举足轻重的作用，我们有理由相信这种支持本身就是婴儿这一系统的组成部分。人类婴儿的计算系统本质上就是一个网络，这张网的材料不是光纤，而是语言和爱。

第二，研究婴儿也能赋予我们看待大脑的新视角。人们似乎总认为人的心智由两个割裂的部分构成：一个是由神经决定的“先天”部分，受进化影响；另一个是由社会决定的“养成”部分，由学习塑造。通过研究婴儿，我们认识到这种两极对立的观点是极具误导性的。从最表层来讲，先天和后天是具有交互作用的，或者说两者的影响兼而有之。从更深层意义来看，这种对立也是有误导性的。要知道，从掌管呼吸的全自动机制到最高雅的具有深刻文化意义的婚礼礼仪细节和关乎人类存亡的深刻忧思，关于人类心智的一切都是大脑活动的结果。这就是说，大脑必定具有极强的灵活性、敏感性和可塑性，并且深受外部事件的影响。寥寥数个基因不可能预先决定一个成年人大脑里形成的数以亿计的特定神经连接。

此外，在本书中你也会看到，我们对大脑了解得越多，就越会发现大脑灵活性、敏感性和可塑性的强大。部分原因是科学家一直都在解剖已死亡的大脑，直到近年来才开始分析活的大脑，而活物一般都会比死物显得更加活跃。

正如有关心智的一切都来自大脑一样，有关大脑的一切究其根本都来自人类的进化。这就意味着进化可以像选择条件反射和本能一样选择学习策略和文化能力。对人类而言，后天养成本身也是先天本能。文化能力是人类生理习性的一部分，学习的动力是我们最重要、最核心的本能。

发展心理学的最新研究表明，人类独特的进化戏法、核心的适应能力以及生存竞争中最厉害的武器，正是我们幼年时学习和成年后教育孩子的强大能力。

面对这幅进化的整体图景，我们绘制了一个更加具体的版本。如果我们关注更宽广范围内的动物物种，就会发现有几个进化特征似乎是紧密相连的。大脑皮层面积更大、行为灵活性更强以及认知复杂程度更高的动物，也就是那些被我们拟人化地认为很聪明的动物，往往也具有其他一些共同特质，只有蟑螂除外。这些特质包括食物更多样，有很多种不同的性交方式，一夫多妻，在很多不同的地方生活，以及拥有很长的未成熟期。最后这一点与我们想要表达的内容息息相关。除了一夫多妻，我们人类毫无疑问具备其他所有这些特质。

这段漫长的未成熟期，即童年，是一个谜。[1①] 为什么让年幼的下一代在这么长的一段时期内处于无助状态？为什么要求成人投入这么多的时间和精力去保护他们？著名心理学家兼教育家杰罗姆·布鲁纳（Jerome Bruner）提出了一种观点，认为这个在成人保护下的未成熟期能够让孩子了解他们生活的特定物理环境，这也是为什么人类可生存环境的多样性超过了其他任何生物。更重要的是，这一阶段也为孩子提供了了解他们生活的特定社会环境的机会，而人类组织的社会族群的多样性同样超过了其他任何生物。其他物种的生存有赖于精妙发展的本能对特定生态环境的巧妙适应。而人类能够生存，是因为我们有能力学会在几乎任意一种生态环境中该怎样生存，有能力构建自己的天地。

如果这就是我们的进化策略，那么就不难理解为什么婴儿是超级聪慧的学习者，为什么成人会投入如此多的心血来帮助婴儿学习。这或许也可以解释为什么婴儿如此无助，而成人要倾注这么多的心血来保障婴儿的存活。学

---

① 本书注释均通过数字上标方式标注。扫描第 216 页二维码即可下载全部注释及参考文献内容。——编者注

习的优势在于，通过学习，你能够了解自身所处的特定环境，缺点则是在彻底搞清楚环境之前，你不知道该何去何从，将会十分无助。**进化或许赠予了人类两重礼物：一是了解周遭世界的强大能力，二是用于施展这种能力的一段较长的受保护期。**

> **成人从事科学研究这一看似神奇的能力也许只是其在婴儿期学习能力的某种延续。成人科学家不过是利用了使孩子能够如此迅速有效地进行学习的自然能力。与其说孩子是小小科学家，不如说科学家是大孩子。**

当然，关于心智的进化论观点必然存在猜测的成分。但我们可以确定，至少在科学领域可以最大限度地确信，婴儿的确是超级聪慧的学习者，而成人也的确投入了全部身心来帮助婴儿学习。我们在接下来的几章中会论述这个观点。

苏格拉底的反直觉观点

知识之问，即他心问题、外部世界问题和语言问题，都是很古老的问题。新的观点认为，研究婴幼儿有助于解答这些问题。既然孩子一直都在我们身边，那为什么这么长时间过去了，科学家才将目光投向他们呢？

奇怪的是，认为孩子很重要的观点从一开始就有了。记录苏格拉底对话的《美诺篇》（*Meno*）对知识之问做了首次也是最著名的表述，还首次尝试解答这一问题。[2] 苏格拉底和他的朋友在美诺家喝酒，探讨在没有直接经验的情况下，如何理解美德这样的抽象事物。苏格拉底回答说，我们无法从经验中了解美德和其他任何抽象概念，我们必定是原本就懂得。苏格拉底认为这是前世的记忆。苏格拉底观点的当代版本则认为，这些概念存在于遗传密码中。

所有哲学系的一年级学生都会学习苏格拉底的论断。但是他们不曾了解的是，这不仅仅是抽象的逻辑论证，而且还是基于某种实验的实证科学研究。《美诺篇》里最重要的人既不是美诺，也不是苏格拉底或任何权贵，而是一个无名的孩子，那个给他们倒酒的小男孩。《美诺篇》不仅是关于知识之问的首次讨论，也是对发展心理学实验的首次记录。

苏格拉底从讨论诸如美德这样的抽象概念转而讨论更为抽象的几何学概念，他引导这个从未接受过教育的小男孩逐步完成了一个几何证明。小男孩认同每一个步骤都是成立的，最终证明了这个定理。苏格拉底得出结论：因为这个小男孩在从未接触过几何学的情况下做到了上述一切，所以他必定已经知晓如何进行几何证明，只是他自己没有意识到而已。

即使放到现在，这个结论也相当令人吃惊，在当时就更加令人震撼。欧几里得在雅典学院工作，他提出几何证明的时间与《美诺篇》的完成时间大体相同。几何学是苏格拉底所处时代最激动人心的尖端科学，这就好比我们今天说，其实孩子们懂得安德鲁·怀尔斯（Andrew Wiles）对费马大定理的证明。

新的研究表明，苏格拉底反直觉的观点是正确的，很小的婴儿以及尚未接受教育的孩子必定比我们想象中的懂得更多。这是当代对知识之问的回答的第一个要素。但是我们很快就会看到，这并不是全部的答案。

认知大链条存在吗

在之后的 2 500 多年里，哲学家们对知识之问做了广泛而深入的讨论，有的著述长篇累牍，但是从来没有人再尝试过苏格拉底式的方法。没有人试图通过与孩子交谈的方法来解决这个问题，了解孩子都知道些什么。曾经有一位英国哲学家向我们解释说，虽然他身边一直有孩子的身影，但是他从来没有和他们讲过话。

实际上，“儿童的知识”这种说法听上去似乎是自相矛盾的。主流观点认为孩子是有缺陷的成年人，是由他们未知和无法做到之事所定义的。这种说法当然有其合理之处。我们可以看到，有很多事情是孩子不知道和做不到的，作为父母，我们总会把心思放在弥补这些缺陷上。但是这种儿童观同样具有严重的误导性。

这种看法就是某种意义上的“认知大链条”，其中一端是婴儿，另一端是哲学家。[3] 根据这种观点，孩子所拥有的特性完全是推理、科学和文明所具备特性的对立面。孩子依靠直觉而非理性，依靠天性而非文明，他们受激情驱使，而不是由计划引导。孩子的心智被表象吸引，迷信而又神秘。他们年龄越小，就离知识越远，新生儿则什么都不是。用 17 世纪哲学家约翰·洛克（John Locke）的著名比喻来讲，孩子是“tabulae rasae”，即白板。[4]

还有一种对立的观点，对此阐述最为清晰的是 19 世纪初期的浪漫主义诗人和哲学家。最动人的表达来自华兹华斯的伟大诗篇《咏童年往事中的永生的信息》[5]，本书节选了这首诗的一部分作为开篇。浪漫主义观点认为，正因为无知，孩子才拥有一种特别的知识。孩子的知识像诗歌而不像科学。浪漫主义者认为，正是因为避免了成人概念的腐蚀，孩子的经验才拥有某种张力。

这一观点当然也有合理之处。每个人在看到孩子或者追忆自己童年经历的时候，都会窥见感知和想象的非凡力量。

然而，即便是浪漫主义的儿童观也没能摆脱上述主流观念中的核心假设。事实上，浪漫主义者认同孩子是依赖直觉、不理性和不文明的，也认同孩子受激情支配，与科学八竿子打不着。只不过他们认为这些都是好事而不是坏事，是能力而不是缺陷，是知识的来源而不是障碍。

这两种观点及其背后的假设依然存在。人们依然认为在认知世界时，科学、教化和理性的方式与直觉、自然和感性的方式之间横亘着一条巨大的鸿沟。孩子依然被认为是直觉和激情的典范，与科学和理性无缘，可与“原始”人和女人归为一类。争论的焦点依然停留在你认为自己应当站在哪一边。[6]

新的发展研究表明，历史上对孩子的这一共识完全错了。

孩子既不是一块白板，也不是不受束缚的欲望载体，更不是事事全凭直觉的幻想家。婴幼儿能够思考、观察和推理，他们会考量证据、得出结论、进行实验、解决问题以及探寻真理。

当然，他们在这个过程中并不像科学家那样具有自我意识，而且他们努力要解决的问题都是有关人、物体和语言的日常问题，而不是关于星体和原子这样的深奥问题。然而即便年龄再小的孩子也对这个世界有很多认知，并积极尝试想要了解更多。

这一点动摇了认知大链条的整体根基。毕竟，至少女性和其他文化背景下的人们已经脱离了“天真烂漫”这一隐含着负面意义的表述。如今，只有从积极的浪漫主义视角出发，才可以说女性和其他文化背景下的人们依靠直觉和本能行事。但是如果连孩子本身也不是“天真烂漫”的，那么整个大厦便要崩塌。世界上并没有所谓的野蛮人、高贵的人或低贱的人，即使在孩子当中，也没有所谓“自然天真”的孩子。有的只是人，孩子和成人，女人和男人，狩猎采集者和科学家，他们都在努力想要搞清楚世上发生了什么。

奇怪的是，关于孩子的这一共识从来都没有任何系统证据的支撑。科学本应超越人们给予日常生活的种种假设，去检验我们自以为掌握的知识和观念。但是从来没有人真正去研究孩子对这个世界到底知道什么、不知道什么，哪些知识是他们生来就具备的、哪些是后天学会的。对于亚里士多德认为女性的牙齿数量少于男性这一观点，罗素做过非常巧妙的评论：[7] 真正让人感到不可思议的不是亚里士多德犯了错误，而是要检验自己对不对，他只需要让太太张开嘴巴数一数，可他却从来没有这样做过！孩子就在身边，我们无须远渡重洋或配备高科技实验室就可以观察他们。我们唯一要做的就是让他们张开嘴巴，倾听他们说了什么。但 2 500 年来，没有一个人做过这件事。

发展科学的第一次复兴

苏格拉底式的方法直到 20 世纪 20 年代才复兴。这一复兴发生在世界的两处角落，一处是日内瓦，另一处则是莫斯科。让·皮亚杰（Jean Piaget）是一位早慧的杰出生物学家和博物学家，他年仅 10 岁就发表了第一篇学术论文《一只白化病麻雀》（*On an albino sparrow*）。20 岁时，他已经发表了几十篇生物学论文，这些论文主要是关于软体动物的。而那时他已经读过康德的《纯粹理性批判》（*Critique of Pure Reason*）了。皮亚杰未满 30 岁便被任命为日内瓦大学卢梭学院院长，之后在那里度过了其长寿的一生。[8]

皮亚杰想要解释知识之间这一经典的哲学问题，但是与以往的哲学家不同，他寻求的是一个与生物学相关联的解释。随着生物学的发展，人们逐渐认识到人的心智一定是以某种方式具象地体现在大脑之中的，人类知识本身必定是一个自然的生物现象。皮亚杰想要在康德和软体动物之间、在认识论和生物学之间找到联系。他有一个了不起的见解，认为研究人类儿童的发展是达到这个目的的一种方法。

学习实验室 THE SCIENTIST IN THE CRIB

在 20 世纪 30 年代，皮亚杰开始记录他的三个孩子——杰奎琳、卢西安娜和劳伦特的生活。在皮亚杰之前和之后都有人写过儿童观察日记，但那些都无法与皮亚杰的日记相提并论。这些日记对婴儿看似毫无规律可循的行为背后的重要模式做了细致入微的精确刻画。这些日记精确到每天，甚至每个时刻，每一篇观察记录组合在一起，形成了一部完整的不断延伸的历史。阅读皮亚杰的书，能让我们对杰奎琳、卢西安娜和劳伦特三个孩子婴儿期的熟悉程度超过对我们自己的孩子。不可思议的是，1996 年，我们在皮亚杰 100 周年诞辰纪念的活动上见到了他们，他们的年龄与我们的父辈相仿，他们十分和蔼可亲。

皮亚杰对三个婴儿的观察被嵌入了一个让人百思不得其解而又见地非凡的理论架构里。想想看，仅仅依靠一人之力，在没有任何录音和录像设备的情况下，凭借敏锐的观察力、笔和纸，在繁重的学术工作间隙完成这样一项工程，简直太不可思议了。事实上，我们现在已经知道，这项工作还真不是仅凭一个人的力量完成的，皮亚杰的妻子、三个孩子的母亲、心理学家瓦伦丁·皮亚杰（Valentine Piaget）其实负责了主要的观察任务。不过即使对两个天才级的人物来说，这也是一项了不起的成就。

同苏格拉底一样，皮亚杰夫妇观察到，很小的孩子便已经对这个世界有了很多认知，远超所有人的想象。然而两者的工作对当代儿童观的伟大、独特贡献却十分不同。在《美诺篇》里，苏格拉底在不断评估孩子是否可以用与成人相同的方式理解几何学。苏格拉底对面的孩子一直在说："是的，苏格拉底先生。"皮亚杰也在询问孩子他们看待世界的方式是否与成人相同，但是他的孩子一遍又一遍地回答："不，皮亚杰先生。"

皮亚杰表明，婴儿的世界观与成人同等复杂、同样高度结构化，孩子也在不停地探索周围世界的真实面目。但是他也主张，婴儿对世界的认识与成人的世界观有着深刻的质的区别。与成人一样，婴儿对于他人、世界和语言也有一套系统的认识，但是他们的观点与我们的大不相同，而且通常十分古怪。举个例子，婴儿似乎认为，当一个物体被藏起来的时候，这个物体便消失了；婴儿还认为，他们自己和别人之间是没有边界的。

皮亚杰得出的结论是，孩子并非一出生便具备成年人的知识。与此相反，皮亚杰认为孩子拥有十分强大的学习机制，这让他们得以建构起关于这个世界的新图景，这些图景或许与成人的差别很大。我们在了解这个世界的时候，比如做科学研究时，不会一蹴而就地找到正确答案，而需要不断地纠正错误、拓展理论、修正错误概念，经过一个漫长而循序渐进的过程才慢慢接近真理。这就是皮亚杰观察自己孩子婴儿期时得到的结论。

然而皮亚杰也认为，学习根深蒂固地存在于人的生物本能之中，就像天赋被编写进遗传密码一样。

皮亚杰通常会用消化来打比方：婴儿的心智吸收信息的方式与他们的身体吸收母乳的方式是一样的，对他们来说，学习就像吃饭一样自然。这一观点是新兴发展科学的第二个要素。

当代观点第三个要素的贡献者同这位瑞士的甲壳动物专家和他的妻子一样，让人始料未及。列夫·维果茨基（Lev Vygotsky）是一位文学批评家、医生兼肺痨患者。与皮亚杰一样，他想要在心理学和生物学之间建立联系，但是他对语言和思维的兴趣也与当时的重大政治问题有很大关联。作为一个热忱的马克思主义者，他想知道社会如何塑造社会中人的心智。[9]

伟大的苏联神经学家亚历山大·卢里亚（Alexander Luria）是维果茨基的学生。维果茨基认为文学素养也许对认知和知觉有深远的影响，于是派卢里亚前往苏联的远东地区去检验不识字的塔塔尔人是否拥有某种知觉错觉（perceptual illusion）。调查的结果让卢里亚狂喜不已，他等不及乘坐西伯利亚铁路列车赶回去就迫不及待地给维果茨基发电报说："塔塔尔人没有错觉。"

维果茨基在 38 岁时就英年早逝了。和皮亚杰一样，他在二十几岁的时候就已经开始了实验研究，但那时他自己和他的学生都知道，他已经时日无多了。在近 10 年的时间里，维果茨基异常高产，留下了大量完成一半的实验和未能出版的手稿，后期的手稿因为他已经太过虚弱无法握笔，是通过口述完成的。

维果茨基看到，成年人在孩子的认知过程中扮演了关键的角色。对于大多数全身心投入养育工作中的人来讲，这一点似乎显而易见。决定孩子生活的最主要因素似乎不言自明，就是我们所施加的或好或坏的影响。我们全神贯注于自己做什么或不做什么，关心这些取舍会如何影响孩子，这一点无可厚非。

但是，亲子关系会让我们看待孩子的观念变得局限和不准确，这就好比过于强烈的爱情会让人盲目，从而无法看清爱人的真实品格和爱情的本来面目。爱情是为人父母最好的类比。在阅读皮亚杰的日记时，竟然看不到充满慈爱的父母的强大自我，这足以让人惊奇，甚至感觉有些诡异。事实上，恰恰由于这一点，皮亚杰的工作才如此出众。他将自己置身于整个画面之外，于是比前人更清晰地看到了儿童的心智。但是成人，尤其是父母，是孩子生活中不可或缺的一部分，因为对这一点的淡化，皮亚杰也忽视了一些重要的事实。

维果茨基认为，成人，尤其是父母，其实是孩子用来解决知识之间的一个工具，完全与我们作为父母的狂妄自大相反。当然，这种自大在某种程度上很可能是必要的。比如维果茨基注意到，成人会有意无意地调整自己的行为，把孩子解决问题所需的最重要的信息提供给他们。孩子会利用成人发现文化和社会的各种细节。

维果茨基也认为，成人对儿童心智的影响本质上具有生物性，属于基本的人类天性。他还强调了语言的作用。语言是人类天然、独特的生物特性，也是传播文化产物的媒介。如同皮亚杰认为学习是天性一样，维果茨基认为，文化也是天性。

尽管维果茨基与皮亚杰在理论方法和性格上有着天壤之别，但这位饱受病痛折磨、研究文学的人，与那位安详、身为一家之长、从事博物学研究的人有两个共同点。第一，两人都设计了在自然环境下对婴幼儿进行长期近距离细致观察的方法。他们的研究结论与这些观察结果紧密相关。其实他们的理论最终能够被人们普遍接受，很重要的一个原因就是这些理论是建立在扎实的经验性研究之上的。第二，他们的成果在接下来的 30 年间几乎完全被人们忽视了。

真正主导心理学界的理论是弗洛伊德主义和斯金纳（B. F. Skinner）等心理学家倡导的行为主义理论。[10] 这两种理论都对婴幼儿有很多探讨，但是和亚里士多德解决牙齿数量问题时一样，无论是弗洛伊德还是斯金纳，都没有通过系统性的实验去研究孩子。弗洛伊德主要依靠对神经质成年人的行为进行推断，而斯金纳依赖于对神经质程度稍逊一些的小白鼠的行为进行推断。弗洛伊德和斯金纳关于发展的观点是错误的。弗洛伊德将孩子看作激情的典范，由于受到欲望和饥饿的强烈驱使，他们对世界最基本的看法不过是极度扭曲的幻想。斯金纳则认为孩子是终极的白板，被动地等待着强化程序的雕琢。

新时代的解答

发展科学的第二次，但愿也是永久性的复兴一直到 20 世纪 60 年代末才姗姗而来。科学界的时代思潮演变一直都有些神秘莫测，但是有几个截然不同的因素可以解释为什么皮亚杰和维果茨基突然又回到了人们的视线中。其中一个原因与社会发展相关。数个世纪以来，养育孩子属于女性的工作范畴，因此被认为不值得获得科学的严肃关注。只要学术界是由男性主导的，发展心理学便不可避免地会被边缘化。例如在加州大学伯克利分校，有许多知名的女性发展心理学家在研究机构任职，但是没有一个人真正获得过该大学的任教职位。实际上，1973 年以前，伯克利的心理系根本就没有女性。得以继续下去的工作往往是以教育和育儿实践为背景进行的。在 20 世纪 60 年代的康奈尔大学，一位男性研究者发现，为了研究发展心理学，他不得不攻读家政学。大学里女性学者的登场为婴幼儿研究赢得了一些尊重，然而这个过程发展得十分缓慢。

另一个重要的因素是科技的进步。录像机好比发展心理学家的望远镜。婴幼儿不会用成人的方式与人沟通，因而成人心理学研究的基本工具，比如多项调查问卷、按键测量反应时间及其他种种方法对他们毫无用处。我们也不能用课程学分、金钱或者食物来吸引他们与我们合作，这是针对本科生和小白鼠的惯用策略。事实上，2 岁大的孩子总是会和你对着干。每次我们对研究助理说现在开始测试 2 岁幼儿时，实验室里都会传来一阵唉声叹气。

我们的基本方法就是对婴儿的非言语行为进行系统观察。我们观察他们的面部表情、动作甚至眼球运动。遗憾的是，任何观察过婴儿的人都知道，他们的行为似乎并没有什么规律可循，至少从表面上看是这样。你似乎发现了什么，然后立刻就会怀疑刚才也许只是自己的想象。皮亚杰的日记如此让人惊叹，部分原因就在这里。然而促使科学向前发展的不仅仅是让人赞叹的天才，更是让我们这些寻常人也能和惊人天才做同样事情的方法。通过使用录像机，我们能客观地衡量婴儿的行为，可以慢放，也可以反复重播。但是别忘了，这项技术出现的时间并不长。在 20 世纪 80 年代，我们还要把接近 20 千克重的卷盘式录像机拖到孩子的卧室去录像。每次学生们开始抱怨，我们就会不厌其烦地和他们讲这个故事。

给发展心理学提供了新的理论依据的是另一项科技——计算机。不论是皮亚杰还是维果茨基，他们都没有理论工具来将心智和大脑成功地整合在一起。科学上的成功往往就取决于能否找到恰当的类比，而计算机为我们提供了一个全新的类比。毕竟，计算机能够做到很多典型的看似需要花费脑力甚至智力的事情，比如解方程，或者下国际象棋。但是同人的大脑一样，计算机也是不可否认的物理存在，是实实在在的物体。在过去 30 多年里，心理学领域发生了概念上的突破，产生了重大的新观点，即认为人的大脑也是一种计算机。这是全新的认知科学领域的基础。[11] 当然，我们还不知道大脑属于哪一种计算机。但是毫无疑问，这台计算机跟所有现有的计算机都大不一样。

视频录像这项新科技加上认知科学的新理论，将皮亚杰和维果茨基具有开创性的观点变成了一项羽翼丰满的科研事业。我们可以使用便携式摄像机从全新的角度去看待儿童，也可以使用计算机的隐喻从全新的角度去理解他们。最重要的是，我们开始认同，观察和理解儿童是一件值得去做的事。

幸运的是，我们取得了一系列惊人的研究成果。在过去 30 年间，我们对婴幼儿的了解超过了此前的 2 500 年。我们现在能够解释一些大家熟知的日常现象，比如“可怕的 2 岁”现象，还发现了从来没有人预测过的新的奇特现象，比如新生儿知道自己的舌头长什么样；6 个月大的婴儿已经能够区分瑞典语和英语；2 岁的孩子懂得，比起小鱼饼干，有的人更喜欢吃西蓝花。每一次对孩子的新了解，都会让我们对自身产生新的认识。别忘了，我们都只是在这个世界上待的时间久一点的孩子而已。

02 孩子如何理解他人

THE SCIENTIST IN THE CRIB

我们把一生中大部分清醒的时间都花在解读别人的心理上了。理解你周围的人，也是你自身成为某一种人的过程的一部分。孩子在了解他人心理的同时也在了解自己的心理，每个社会都有独特的思考方式和情感反应，孩子必须从周围的成人身上学会这些生活处世之道。

古老的知识之问都很令人着迷，但是真正让人心力交瘁的是他心问题。我们把一生中大部分清醒的时间都花在解读别人的心理上了。他为什么这么做呢？她说的是真心话吗？她真的不介意我加班到深夜，还是说她只是表面上不介意，却耿耿于怀呢？他真的不懂我其实很介意他加班到深夜，而我只是说我原则上不介意吗？如果真有心灵感应大师能实时监听任何一所研究型重点大学里学者教授们的心理活动，那么恐怕这位大师听到的更多会是关于性关系的传言和办公室的钩心斗角，而不是关于物理学和化学的探讨，我们承认，对发展心理学的探讨也不会太多。

当然，我们可以从进化的角度很好地解释这一点。[1] 人类是极其社会化的物种，为了生存彼此建立了深深的依赖关系。同时人类也是一个复杂的物种，比任何其他物种都拥有更多样化的行为。我们甚至可以不了解长毛象、剑齿虎，或者燧石和火，但必须具备预测他人下一步行动的能力。要想做到这一点，一个最好的办法就是搞清楚别人心里在想什么。

发展心理学的全新研究告诉我们，从看到他人的第一眼起，我们就会把他们当“人”看。一个人必须同时具备心智和身体，也就是内在和外在。将他人当作“人”意味着你看到的是一张脸，不是面具，是“你”而不是“它”。我们来到这个世界时，身上已经预设了一系列关于我们和他人是如何相似的根深蒂固的假设。

但是研究也告诉我们，这些内在的假设只是理解心智的开端，而不是结束。也许理解全人类本质的“人性”（essential personhood）和“你性”（thouness）对哲学家马丁·布伯（Martin Buber）来说已经足够了，但是很明显，我们这些凡夫俗子不能这么做。我们还必须搞清楚自己面对的是一个怎样的“你”。他真的喜欢西蓝花吗？她会因为我触碰一下花瓶就大发雷霆吗？操场上的那个小孩儿说，如果用刀割高尔夫球，球就会爆炸，他是在撒谎，还是别人给了他错误的信息，还是他本身就是一个危险的疯子？随着孩子年龄的增长，他们所要面对和解决的就是诸如此类的问题。

理解你周围的人，也是你自身成为某一种人的过程的一部分。孩子在了解他人心理的同时也在了解自己的心理。他们学习如何拥有古希腊人的心理，或者 17 世纪荷兰人的心理，或者 20 世纪后期美国西海岸人的心理。我们有个 3 岁大的孩子，曾经在一个下雨的无聊日子里，建议说我们应该去买杯拿铁，去书店坐坐。每个社会都有独特的思考方式和情感反应，穿衣打扮和饮食习惯也不尽相同，孩子必须从周围的成人身上学会这些生活处世之道。

我们在第 1 章中讲到，大自然解决知识之问的方案包含三个要素，即内在知识、强大的学习能力和成人无意识的指导。这三个要素在解决他心问题时都发挥着重要作用。

孩子生来就会做的事

你躺在医院产房的床上，用尽了浑身最后一丝气力，感到这辈子从未如此精疲力竭。生孩子就是决心和强迫的奇怪结合。一方面，你自己在努力，这辈子从来没有这么心无旁骛、全神贯注过；而另一方面，你并没有主动决定或尝试要努力，甚至根本不想用力，你毫无招架之力，只得顺势而为。

然后，在所有这些兴奋、惊险、焦虑和疲惫之后，有一个温暖的小东西躺在了你的胸口，一张平静、温顺、睁大眼睛的小脸仰起来看着你。也许是因为身体上的疼痛消失后体内产生的内啡肽，你并没有如预期的那样完全垮掉，反而感觉到一种强烈的机敏。你感到异常清醒，一切都显得比平日更加清晰。

在接下来的一两个晚上，护士终于离开了，而你那能干的老公也回家补觉、通知亲戚们这个好消息去了。你躺在床上，孩子就躺在你怀里，你嗅到了像小动物一样的新生儿身体那让人感到甜蜜的味道。你看着那张还有些扁扁的脸庞，每次一看就是 1 小时。也许同样是中了内啡肽的魔法，小宝宝也在看你，他也很清醒，不过接下来的很多天，他可就不会这么清醒了。此时此刻，在不眠之夜、尿布、婴儿车和防雪服还没有成为生活新常态的时候，这样的凝视仿佛代表着完美的相互理解、纯粹的宁静和绝对的幸福。

不管怎么说，这是新生命诞生时的浪漫。然而遗憾的是，如同每一次邂逅并不一定会带来真爱的浪漫一样，每一个新生命的诞生也并不一定伴随着这样的浪漫。但是和真爱一样，这是生命赐予的伟大礼物，似乎值得人们冒着失望的风险、忍受巨大的疼痛去迎接。

那么这种心照不宣的浪漫和科学发现是否一致呢？最新的研究所描绘的画面与新晋妈妈们的感受出奇一致。多少年来，那些对婴儿没有任何系统了解的所谓“专家”，信誓旦旦地向父母们宣称，新生儿的心智还没有花园里的鼻涕虫复杂，并以此为乐。他们说，宝宝其实什么都看不见，说宝宝会笑只是瞎扯，说他们认得出熟人不过是妈妈们臆想出来的。在我们写下这句话的时候，一位专栏作家正在当天的报纸专栏里谈论他的儿子刚刚有了一个小弟弟，并表达了对儿子的同情，因为儿子坚信他的小弟弟认识他，然而毫无疑问，在婴儿眼里，人和狗是没有分别的。

民间对婴儿的看法似乎是双重的。几乎所有和婴儿有直接互动的人都会不假思索地认为婴儿是有心智的。但是伴随而来的往往是同样不假思索的负面言论，混杂着被歪曲的医学以讹传讹的言论。你经常会听到一些刚刚升级做父母的人说：“我发誓孩子认得我，不过我知道这只是我的一厢情愿。”

但是你为什么要相信我们，而不是相信那些认为婴儿看不到东西的愚昧专家呢？我们凭什么说自己真的知道婴儿在想什么呢？有了录像机的帮助，科学家们想出了别出心裁的实验技术来询问婴儿们都知道些什么。科学家设计了一整套技术来回答两个简单的问题：婴儿认为两个事物是相似的还是不同的？如果是不同的，他们会不会更喜欢其中的一个？[2]

你可以将仔细控制的事件两两一组呈现给婴儿，观察他们能否做出区分，以及他们更喜欢看或更喜欢听的是哪一个。举个例子，你可以给婴儿看两张照片，一张是人脸，一张是一个复杂的物体，比如一个棋盘。之后由一位观察者记录婴儿的眼球运动，至于婴儿看的是哪一张照片，这位观察者并不知情。通过分析婴儿的眼球运动，你会知道他们看哪张照片的时间更长。同样的道理，你可以更进一步，让婴儿吮吸不同的奶嘴，同时播放与之对应的不同的录像带或录音带，这样就可以确定婴儿会为了播放哪种声音而付出更多努力。比如说，你喜欢听录有自己妈妈声音的带子还是录有陌生人声音的带子。

最后，你可以利用这样一个事实，那就是婴儿和我们一样，也会感到无聊。如果反复给婴儿播放同样的东西，他们就不会再看、再听；换一盘新的带子，他们就来了精神，重新开始关注了。发展心理学家将这种无聊现象叫作“习惯化”（habituation）。[3] 举个例子，如果你给婴儿看各种各样的笑脸，他们会逐渐丧失兴趣，因为他们习惯了。如果给他们看一张新的笑脸，他们几乎不会去注意。但是如果给他们看一张哭丧的脸，他们就会再次注视屏幕。这意味着婴儿懂得那些笑脸都是一样的，而哭丧的脸是不一样的。

利用这些方法，我们可以发现，婴儿从一生下来就能够辨别人的面孔和声音，认为它们是有别于其他视觉影像和声音的，而且更喜欢它们。在出生几天后，新生儿就能够认出熟悉的面孔、声音甚至味道，相比不熟悉的而言，他们更喜欢熟悉的。他们甚至刚一生下来就能根据在子宫里听到过的微小但依然清晰的声音辨认出妈妈的声音。他们会将头转向熟悉的面孔和声音，甚至转向离妈妈的皮肤更近的垫肩，而不去理会其他面孔、声音和味道。[4]

在出生后的前9个月里，婴儿还没有学会走路、说话甚至爬行，但他们已经可以区分开心、悲伤和生气的表情，甚至还能辨别出，一张布满笑容、眼睛周围堆起褶皱的看起来很开心的脸，总是和声调轻快、欢乐的声音相伴的。[5] 你可以同时给他们看两个视频，一个展示的是一张表情快乐的面孔，另一个展示的是表情悲伤的面孔。这时如果配合播放快乐或悲伤的声音，那么婴儿会花更长的时间观看面部表情与配音传递的情绪相匹配的那张面孔。

婴儿甚至知道人的移动方式。[6] 你可以将一些明亮的小灯泡绑在一个人的胳膊肘、膝盖和肩膀处，然后拍摄这个人在黑暗中移动的画面。最后制成的视频中只能看到移动的灯泡。成年人能看出灯泡的图案很明显代表的是一个人，甚至还能看出此人的情绪，就像某种简单的动画一样。实验发现，婴儿也能区分这种移动的抽象人形图案和非人形图案，而且他们更喜欢前者。看来，即使是抽象的人形灯光图案也能牢牢抓住他们的注意力。

甚至连婴儿有限的视力也能让他们特别注意到人。关于新生儿看不见东西的说法是毫无根据的，但是按照成人的标准，婴儿的近视很严重，与成人不同，他们无法轻松改变焦点以适应远近物体。这意味着 30 厘米远的物体正好落在婴儿视线的焦点上，更近或更远的物体对他们来说都是模糊的。没错，这个距离正好是婴儿的脸和抱着他的人的脸之间的距离。**婴儿似乎是经过了专门的设计，他们看得最清楚的正是那些关爱他们的人。**[7]

新生儿的世界，有点儿像位于华盛顿的美国国家美术馆里那个挂满伦勃朗肖像画作的房间。包含微妙的动作、生命、表情、情绪的明亮脸庞，从阴暗朦胧的背景里一跃而出，构成了摄人心魄的心理上的明暗对比。

然而这一切都只不过是表象。对于生而为人意味着什么，婴儿有没有更深入的概念呢？我们有理由给出肯定的答案。

学习实验室
THE SCIENTIST IN THE CRIB

20年前，我们当中的一员安迪①得出了一项惊人的发现：1个月大的婴儿会模仿他人的面部表情。[8] 如果你朝一个婴儿吐舌头，这个婴儿也会朝你吐舌头；你张嘴，他也会张嘴。我们怎么知道这是真正的模仿，而不是对婴儿无尽变化的面部表情的曲解呢？安迪系统地向婴儿展示了某人伸出舌头或者张开嘴巴的情景，并用视频记录下了婴儿的面部表情，然后把视频给另外一个人看，这个人并不知道婴儿看到了哪个动作。安迪要求这个人指出视频里的婴儿是在吐舌头还是在张嘴。结果证明，由这位中立客观的观察者所评判的婴儿的行为，和婴儿所看到的动作之间存在系统的关联性。

一开始，安迪以3周大的婴儿为实验对象。但是为了证明这种能力是与生俱来的，安迪必须证明新生儿也会模仿，所以他就在本地医院的产房旁边搭建了一个实验室，和父母们说好，孩子快出生时就给他打电话。一年来他总是半夜醒来，或者在实验室开会开到一半就冲到医院去，匆忙程度丝毫不亚于翘首以盼的父母们自己。这意味着他能够对不足一天大的新生儿进行测验。他测验过的最小的孩子才出生42分钟。他的实验证明，新生儿也会模仿。

乍一看，这种模仿能力或许有些奇怪，又很可爱，却并没有什么重大的意义。但是如果你稍微想一想，就会发现这种能力着实让人吃惊。子宫里可没有镜子，所以新生儿从来没有看到过自己的脸。那他们怎么知道自己的舌头是在嘴巴里面还是外面呢？要了解自己的脸长什么样还有另一种方法。在你读这本书的时候，你可能很明确地知道自己的面部表情是怎样的，当然，

① 安迪是本书作者之一安德鲁·梅尔佐夫的昵称。——译者注

我们希望你是全神贯注的，偶尔还会莞尔一笑。现在找一个合适的私密场合，尝试把舌头伸出来。你是通过动觉知道自己做出了这个动作的，动觉就是你对自己身体的内在感觉。

想要模仿，新生儿必须通过某种方式理解内在感觉和他们看到的外在面孔之间的相似性，而这个外在面孔是圆形的，下方长了一个长长的可以伸缩移动的粉色玩意儿。新生儿不仅能够辨认面孔并表现出对面孔的喜好，似乎也能认识到这些面孔和他们自己的面孔是一样的，他们能认识到其他人“和我一样”。这个世界上最私密、最让你觉得是自我不可或缺的一部分的，就是你对自己身体、表情、动作，甚至疼痛和发痒的内在感觉。尽管如此，从我们出生的那一刻起，似乎便把这个极其私密的自我与他人的身体动作联系在了一起，而他人的身体动作我们只能看见却无法感受。

这是大自然的天才之处，在解决他心问题上给我们开了一个好头。[9]我们从一出生就知道，我们和其他人一样，其他人也和我们一样。

我们还有其他理由相信婴儿相当会与他人互动。婴儿会“调情”。[10]人生的一大乐事就是怀抱一个 3 个月大的小宝宝，同他胡说八道。你听到自己平日里理智、可靠、专业的声音在说道：“哦、哦、哦，你个漂亮的小兔兔！是不是、是不是、是不是，小甜心？你说你是不是一只漂亮的小兔兔？”你的眉毛要飞起来了，你嘟着嘴巴，做出各种很傻的表情。但更不可思议的是，那么一丁点儿大的小宝宝会对你的各种荒唐行为做出回应。他会发出“咕噜咕噜”的声音以回应你的柔声细语，会用微笑回应你的微笑，他的手脚会随着你说话声音的语调有节奏地舞动。你们两人就像在跳一支十分复杂的舞蹈，进行一场没有言语的对话，合唱一首傻傻的情歌，或者述说枕边的悄悄话。

这种感觉妙不可言。

除了妙不可言，这也进一步证明了婴儿能够将自己的表情、动作和声音与他人的表情、动作和声音同步协调起来。“调情”在很大程度上是一个时机掌握的问题。如果环视一下某次聚会上人们的表现，你不用听到他们在说什么，仅通过眼前所见就能判断出谁在调情。你会看到两个人调整彼此肢体动作的时机，让他们彼此同步，而不与满屋子的其他任何人同步。她把挡在脸上的头发捋到一边，而他把手插进裤兜；她热切地将身体前倾着讲话，他同情地将身体后倾着聆听。

婴儿也会采用同样的方式。在你讲话的时候，婴儿没有动；你暂停后，婴儿便出场了，一时之间，“咕噜咕噜”声和挥拳踢腿一齐上阵。和模仿一样，婴儿的“调情”行为表明他们不仅在看到人的时候能够认出他们，而且还以一种特殊的方式与他人联系在一起。如同成人之间的调情一样，婴儿的“调情”绕过了语言，建立了人与人之间更直接的联结。

真正永恒的三角关系

即使在刚出生后的几个月里，婴儿便已懂得，他人有特别之处，而且他们是以一种特殊的方式与他人联系在一起的。这是我们对心智的日常理解中的“马丁 · 布伯部分”。然而，生活并不全都是神秘主义的情感交融，甚至也不仅仅是枕边的悄悄话。大学生们在面对情人节分类广告时也许会发出含义不明的感叹，但是如果他们的学期论文也这样没有逻辑，那他们的日子就不会好过了。关于人，我们还有很多需要了解。

关于人，我们需要了解的一件事就是他们怎样看待有形的“事物”。人们会观察事物、想要得到事物、对事物做出反应以及认识事物。在孩子大约1岁的时候，他们与人互动的方式会发生显著的变化。[11]曾经只有你和我在与世隔绝的孤岛上享受专属的亲子浪漫，可就在一瞬间，第三者闯入了：泰迪熊、皮球、钥匙串、拨浪鼓、电灯线、勺子、小狗、电话、陶瓷花瓶、唇膏、天上的飞机等，这些东西迷人、充满诱惑且让人无法抗拒。等婴儿学会了坐、抓物品和爬行时，这些曾经迷人却只能遥远凝望的东西，就变成了欲望和危险的对象。所幸的是，他人并没有从婴儿的思想里完全消失，尽管爸爸妈妈们可能会有这种感觉。相反，他人其实变成了某种认知三角中的重要组成部分。

1岁左右的孩子慢慢学会了指东西，也开始学会了看别人指给他们看的东西。[12]和模仿一样，指东西这件事我们太熟悉了，所以总会认为是理所当然的。但是和模仿一样，指东西这件事也隐含着对自己和他人的深刻理解。用手指物体，尤其是一遍又一遍地指，然后回头看向另一个人的脸，直到对方也扭过头去看那个物体，这个过程意味着你在某种程度上认为这个人应该看你正在看的物体。我们可以系统地记录和测量当孩子看着一个成人指向特定地方时，他们会看哪里。研究证明，等孩子长到1岁时，他们就会相当准确地看向成人所指的地方。

其他实验也表明，1岁大的孩子对人有了全新的理解。如果你给孩子看一样新东西，这个东西有一点儿奇怪，或许奇妙，或许危险，比如说一个会走路的玩具机器人，那会发生什么？孩子会转而向妈妈投去疑惑的眼神，看妈妈的反应。妈妈怎么看？妈妈脸上泛起的是肯定的微笑，还是惊恐的表情？1岁的孩子会根据妈妈的反应调整自己的行为。如果妈妈脸上泛起的是微笑的表情，那么他们就会爬过去看个究竟；如果妈妈脸上泛起的是惊恐的表情，他们就会猛然停住，不再继续向前爬。

同样，我们也可以对此做出系统性的证明。举个例子，可以先让一个成人朝两个箱子里看，当他看其中一个箱子的时候，脸上露出愉快的表情，而看向另外一个箱子的时候，脸上表现出极其厌恶的表情。[13] 然后把两个箱子推到孩子跟前。尽管这个孩子之前从未朝箱子里面看过，仅仅依靠对实验人员面部表情的观察，他对箱子里的东西就有了判断。这个孩子会很开心地将手伸进那个让实验人员感到愉快的箱子，而不去打开让实验人员露出厌恶表情的箱子。孩子不仅能理解这个人产生了愉悦或厌恶的感觉，而且能够理解有些事物会让这个人感到愉快，有些事物却会让这个人感到厌恶。

学习实验室
THE SCIENTIST IN THE CRIB

以同样的方式，1 岁大的孩子可以通过观察其他人使用一个物体的方式搞清楚如何使用这个物体。[14] 安迪利用模仿验证了这一点。他当着孩子的面用一种完全无法预料的方式来使用一个新物体，比如用额头触碰一个盒子的顶部，然后这个盒子就会发光。孩子看得出神，但是他们不被允许接触盒子。一周后，孩子重新回到实验室。这一次，安迪只是把盒子给了他们，其他什么事都不做，而孩子会立刻用额头去触碰盒子的顶部。可见，认为孩子没有记忆是一种常见的荒唐见解。在整整一周的时间里，关于人们如何使用这个物体的新信息在孩子脑中逐渐渗透开来。

此外，这些孩子似乎认为，如果他人对一个物体做了特别的行为，那么自己也应该这样做。这一点可以从孩子玩玩具电话上看出。虽然玩具电话什么功能都没有，但孩子还是会模仿成人使用真正电话的样子：按电话上的按键，然后把电话拿到耳朵旁，甚至还会对着电话咿咿呀呀地讲话。

孩子1岁大的时候似乎发现，他们一开始与他人情感上的亲密关系现在拓展成了一系列看待这个世界的共同态度。我们会看到同样的物体，会用同样的方式使用这些物体，甚至会对这些物体有同样的感受。这样的洞见为孩子理解他心问题增添了全新的维度，也为孩子对世界的理解增加了全新的维度。

1岁大的孩子知道，通过看向他人所指的方向，他们会看到某个事物；通过观察他人怎么使用一个物体，他们会懂得如何使用这个物体；通过观察他人有怎样的感受，他们会懂得应该对某物有怎样的感受。

孩子能够利用他人来理解世界。这些1岁大的孩子已经在用一种非常简单的方式参与到文化之中，能够利用前人的发现成果。他们不必亲自去发现那边的角落里有些值得一看的东西，或者那个箱子里有令人厌恶的东西，或者用额头触碰那个盒子，它就会发光。我们甚至不必使用语言就可以告诉他们所有这些。还不会说话的孩子已经是天生的文化生物了。[15]

这个新的理解也让孩子可以利用他人来搞定一些事情。一个1岁大的孩子会指着一个够不着的玩具，期待成人来拿给他，或者把手放在成人的手上，让成人把苹果酱舀出来给他吃。甚至在学会说话前，孩子就已经能够与人交流了。

这个三角关系的故事最终的结局是皆大欢喜的。孩子发展出的新的对事物的兴趣同时也引导他们与他人进行更深刻的共情和交流。毕竟，交流不只是情感交融那么简单。即便对于成年人来讲，枕边的呢喃细语最终还是要让步给不一样的快乐来源，比如发现你们都很喜欢泰国菜，都很讨厌昆汀·塔伦蒂诺[①]的电影。最好的浪漫关系应当是两人一起面对世界，而不仅仅是面对彼此。大约1岁以后，同样的事情也会发生在孩子和父母之间的浪漫亲子关系上。

可怕的2岁，爸妈成了小白鼠

如此，孩子和成人似乎通过相互合作对外在物体的危险性进行了探索。但是在孩子的伊甸园里潜伏着一条更加危险的蛇。内在的敌人永远比门外的敌人更加强大。在孩子了解到人们对待物体的态度通常和自己一样之后，他们转而开始学习其他令他们感到不安的东西：有时候他人拥有的态度和自己是不一样的。当孩子伸手去摸被父母禁止触碰的台灯电线、陶瓷花瓶或者唇膏的时候，会发生什么？当爸爸往孩子嘴里送的不是好吃的苹果酱，而是令人厌恶的大头菜泥时，又会发生什么？共情和交流分崩离析！

孩子肯定觉得这太矛盾了，简直不可思议。他把触碰台灯电线的热切愿望表现得越是清晰，妈妈越是固执地不让他碰；他越是拒绝大头菜，爸爸越是坚定地要喂给他吃。虽然孩子和成人都是针对同一物体做出反应，但是他们对这个物体表现出的态度似乎是不同的，甚至完全相反。

---

① 昆汀·塔伦蒂诺（Quentin Tarantino），美国著名电影演员和导演，擅长非线性叙事、难忘的对白及血腥场面，引领了暴力美学的潮流，代表作有《杀死比尔》《低俗小说》《被解救的姜戈》等。——译者注

学习实验室 THE SCIENTIST IN THE CRIB

孩子差不多一岁半大的时候就开始理解人与人之间这种差异的本质，并为此着迷。我们同样也可以对此进行系统性的展示。艾莉森和她的学生贝蒂·雷帕科利（Betty Repacholi）做过一个实验，他们给孩子展示了两碗食物，一碗盛满了好吃的小鱼饼干，另一碗盛满了生的西蓝花。[16]所有参加测试的孩子，甚至包括伯克利校园里的孩子，都更喜欢小鱼饼干。贝蒂分别品尝了两个碗里的食物。她在品尝其中一种食物的时候面带愉快的表情说道："真好吃！"而对另外一种食物则做出厌恶的表情并说道："好难吃！"然后她把两碗食物同时放到宝宝面前，伸出手对孩子说："你能给我一些吃的吗？"

当贝蒂表现出喜欢小鱼饼干而讨厌西蓝花的时候，孩子给她的当然是小鱼饼干。但是如果她正好反过来，说西蓝花好吃而饼干难吃，结果又会怎样呢？在这种情形中，我们与孩子对待某物的态度是不同的，也就是说我们想要的东西和他们想要的东西不一致。实验显示，14 个月大的孩子依然很天真地以为所有人都喜欢饼干，他们会把饼干递给贝蒂。但是更聪明的 18 个月大的孩子则会把西蓝花拿给贝蒂，虽然他们自己很讨厌西蓝花。我们后面会看到，这也是一件让人伤心的事。这些一丁点儿大的孩子，连话都说不利索，就已经学到了关于人非常重要的一件事。他们懂得了每个人都有自己想要的东西，这些东西可能不尽相同，甚至是相互冲突的。

我们可以在实验室展示这一发现，而在日常生活中，这一点也展现得格外明显。爸爸妈妈们都知道，也都害怕"可怕的 2 岁"现象：那个有点儿不听话的可爱小淘气摇身一变，变成了情节剧里那个目光坚毅的 2 岁怪物。[17] 可怕的 2 岁孩子如此令人生畏，并不是因为他们会做你不想让他们做的事，这一点 1 岁大的孩子也很在行，他们的可怕之处在于会因为你的不允许反而故意去做这件事。1 岁大的孩子似乎只是无法抵抗那些被成人禁止的东西的诱惑，表现得好像是那条台灯电线诱惑他去摸似的，然而 2 岁大的孩子则是故意要反着来，存心刁难。2 岁孩子根本不用去看电线，他们会一边不慌不忙、郑重其事、从容不迫地看着你，一边直接把手放在电线上。

熊孩子们会用各种形式来演绎“熊”，没有最“熊”，只有更“熊”。本书作者中最任性的一位跟我们分享了一个她小时候的故事。听她妈妈说，她当年会用一只手去摸家长明令禁止、不能触碰的东西，然后伸出另一只手让她妈妈打，这简直是极尽侮辱之能事。我们三人的孩子中有一个特别可爱、和善，而他会一边朝着禁止触碰的物体走过去，一边绽放他最灿烂的笑容。如果你的脸上展现出哪怕一丁点儿应许的微笑的迹象，那后果将不堪设想。还有一个孩子会自始至终盯着她爸爸看，同时以几何学的精度一点一点向禁止触碰的物体靠近，直到她离那个物体只有几毫米远。

然而，这些任性的行为被证明是很理性的。新生儿实验的结果解释了我们作为父母的直觉，即我们和刚出生的宝宝拥有特别的亲密关系。同样的道理，学步儿实验解释了我们的另外一个直觉，即随着孩子长大，我们之间的亲密关系有时候会破裂。2 岁的孩子刚刚开始意识到，人的欲望是不同的。我们的西蓝花实验表明，14 个月大的孩子似乎认为自己的欲望和他人的意志是一样的，要等到他们大约 18 个月大的时候才开始理解个体的欲望差异。而可怕的 2 岁孩子似乎就在系统地探索这个观点，简直可以说他们是在进行一个实验研究项目，学步儿在系统性地测试自己和他人的欲望可能产生冲突的维度。他们之所以向你投来郑重其事的目光，是因为他们真正感兴趣的是你和你的反应，而不是台灯电线本身。如果说孩子是一个正在成长的心理学家的话，那我们这些做父母的就是他们做实验用的小白鼠。

这些孩子的目的并不是要把我们逼疯，他们只是想理解我们是怎么回事，知道这一点或许会让我们感觉宽慰不少。2 岁孩子的对抗最终以父母的斥责告终，他们看到成人发火后流下的眼泪是真实的。“可怕的 2 岁”现象反映了孩子想要理解他人的需求和与他人幸福生活的需求之间真实存在的冲突。如果你想理解人们会怎么做的话，拿冲突做实验也许是必要的，但是这样做也存在危险性。可怕的 2 岁孩子展示了他们身上的学习内驱力是多么强大和根深蒂固。

不论是这些 2 岁的孩子还是科学家，探寻事物的真相不仅仅是一种工作，更是他们的激情所在。而且和科学家一样，这种激情有时候可能会让他们牺牲家庭的幸福。

2 岁孩子关于人的全新发现还有更积极的一面。有一天，艾莉森离开实验室回到家中，整个人处于所有上班族父母都很熟悉的绝望状态之中。她发现自己是一个糟糕的研究人员，有篇论文被一家期刊退稿了；她还是一个失败的老师，有个学生因为分数和她发生了争执；回到家后，她又发现自己是一个可耻的母亲，晚饭要烧的鸡腿还没有解冻。和所有境况相同的优秀、坚强的职业女性一样，她倒在沙发上失声痛哭。她的儿子那时还不到 2 岁，看上去很为妈妈担忧，稍微思考了一会儿便向卫生间跑去。回来的时候，他抱着一大盒创可贴，然后把创可贴拿出来随机放到妈妈的身上，放得全身都是。

很显然，他觉得妈妈受的伤需要很多个创可贴才能治好。和很多治疗师一样，他的诊断是错误的，但是治疗效果非常好。妈妈顿时就停止了哭泣。

这不仅仅是一个特别可爱的孩子的感人故事，虽然艾莉森很愿意以这样的方式讲述这个故事。系统研究表明，2 岁孩子会首次向他人展示共情能力，[18] 甚至年龄更小的孩子也会因为别人的痛苦而感到不安。我们都见过两口子一开始吵架，小宝宝就突然号啕大哭这样令人揪心的场景。但是只有 2 岁大的孩子才会懂得提供安慰。他们不只是单单感受到你的痛苦，还试图减轻你的痛苦。那个 2 岁的怪物，也是一个 2 岁的守护天使。

这种共情所需的对他人的复杂理解与我们在可怕的 2 岁孩子身上看到的是一样的。要真正做到共情，你必须理解他人有怎样的感受，知道怎样做能让他们感觉好一点，即使你自己并没有那样的感受。你必须知道，即使你自己不需要创可贴，但另一个人需要，就像虽然你自己不喜欢西蓝花，但是你知道别人想要西蓝花，或者虽然你似乎很喜欢那根台灯电线，但是别人想让你离它远远的。真正的共情不仅仅是知道他人和你有同样的感觉，而是即使懂得彼此的想法不一样，也依然会付出自己的关爱。婴儿不是一出生就懂得这种深刻的道德洞见的，但是到了 2 岁大的时候，他们就已经开始理解了。

3 岁，我们看到的世界是不同的

孩子在了解自己和他人的欲望之间存在差异的同时，也在了解自己和他人所见之间的不同。[19] 当 1 岁大的孩子用手指着东西或者看他人指给他看的东西时，似乎已经发现了自己和他人能够看见同一事物。但是，与欲望一样，这一发现自然会引出一个结论，那就是自己所见和他人所见之间也可能存在差异。举个例子，如果你在别的房间，或者在电话的另一端，那么向你展示我最新的艺术创作是徒劳无益的。然而很小的孩子似乎并不理解这个事实。

我们可以用学步儿十分喜欢的隐藏和寻找游戏来测验孩子对这个差异的理解程度。我可以把一样东西藏起来让你看不见，你也可以把这件东西藏起来让我看不见。很小的学步儿喜欢玩捉迷藏，但并不是很擅长。一个 2 岁孩子最喜欢的躲藏策略很可能就是把头伸到桌子底下，而整个屁股全都露在外面。

我们可以更系统地展示这一点。举个例子，给孩子一根长管子，管子的一端放置一张图片。这么设计的目的是确保每次只有一个人能看到这张图片。然后让孩子把这张图片给爸爸看。很小的孩子会一会儿把管子口拨到自己的方向，一会儿又拨到爸爸的方向，反复来回，好像他们无法想象在自己看不到那张图片的时候，爸爸其实能够看到。

学习实验室
THE SCIENTIST IN THE CRIB

艾莉森和安迪设计了一个实验对这一观点进行进一步验证。首先，他们设计了一个模仿游戏：你把玩具给我，然后我会把这个玩具再给你；你把贴纸放在我手里，然后我会把它再放到你手里。孩子很擅长做这个游戏，而且乐此不疲。之后艾莉森和安迪在桌上放了一个屏风，把实验人员和孩子隔开。实验人员把一个玩具挂在靠自己这边的屏风上，这样孩子就看不见了。然后他把玩具交给孩子，让孩子把玩具放起来，不让他看见。

正确的做法是孩子要把玩具挂在靠自己这边的屏风上，这样他自己可以看得到，而实验人员看不到。但是最小的两组孩子，即 24 个月和 30 个月大的孩子，经常会把玩具挂在实验人员一侧的屏风上，这样他们自己就看不见了，但是实验人员看得清清楚楚。学步儿会很积极地对这个问题进行实验。他们会跑到实验人员一侧的桌子边，观察屏风的这一侧是什么样子。他们还会发明出很巧妙的方法来回避这个问题，比如把玩具藏到自己背后，这样就谁都看不见了。和观看管子末端的图片一样，他们似乎无法理解“我能看见玩具，但是别人看不到”这样的概念。

但是在3岁之前，孩子们确实能了解自己所见和他人所见之间的差别。一个刚满3岁的孩子总是会正确地把玩具挂到自己一侧的屏风上。他知道虽然自己看得见那个玩具，但是另一个人是看不到的。他可以明确地预测什么情况下你能够看到这个物体而他不能看到，会跟你说你看不到这个物体但是他可以。3岁孩子甚至会告诉你一个物体从不同的角度看会呈现出什么样子。如果把小黄鸭放在一片蓝色塑料的后面，小黄鸭会呈现绿色。你可以给3岁孩子展示这个小把戏，让他们看到玩具鸭子其实是黄色的。3岁的孩子会说塑料片一边的人看到的鸭子是绿色的，而另一边的人看到的是黄色的。与很多普遍的看法相反，这些年幼的孩子在理解他人方面已经超越了以自我为中心的视角。

看到2岁孩子在解决这么显而易见的问题上会犯错误多少让人有些吃惊。但是更让人吃惊的是，在短短三年的时间里，孩子就学到了一个非常重要的事实：人们眼中看到的事物是不同的。当然，关于不同的人对这个世界有不同的理解这一点，孩子依然有很多东西需要学习。显然成人也有很多需要学习的地方，否则就不会有那么多关于性别鸿沟的书了。但是在迈出第一步的时候，我们就已经在向相互理解的方向进发了。

见证成长的对话实录

如果点击了正确的网站，你就会发现自己置身于一个海量数据库之中。这个数据库的名字叫作 CHILDES①，包含数以百万计的儿童对话实录，这些对话都是语言学家在过去 30 年中录制的。[20] 这就像是在天花板上发现了一道通往阁楼的密门，阁楼里放满了陈旧的衣服、坏了的玩具和褪色的老照片。CHILDES 儿童对话数据库能给人带来同样的强烈感觉，就是那种被微弱、朦胧的声音所包围的感觉。那里的阿贝、萨拉、本和尼娜早已不是孩子了，他们已经结婚生子甚至死亡，但是在这里，他们永远都是 2 岁的孩子，忐忑不安地想知道德古拉② 的本性到底是怎样的，尝试蛋杯能不能当眼镜，或者和自己的爸爸妈妈耐心地解释一些事情。

除了让我们有机会追忆逝去的童年，CHILDES 可以让我们系统地研究孩子讲话的内容以及这些内容随着年龄增长有什么变化。幼儿最开始谈论的主题包括欲望、知觉和情绪。他们早期使用的词汇里经常出现的有“要”和可怕的 2 岁孩子常说的“不要”，有“看见”和“不见了”，还有“开心”和“难过”。与实验的预期一样，等孩子长到 3 岁时，他们会自发甚至若有所思地谈论欲望、知觉和情绪中存在的差异。我们的一个孩子发现，他期待了很久的礼拜日晚餐中的甜点樱桃酒菠萝并不合 2 岁小朋友的口味，对此他感到十分难过。4 周过去了，他依然会冷不丁地冒出一句：“你知道吗，妈妈，你们觉得菠萝好吃，但是我觉得它特别恶心。”

---

① CHILDES 全称为 Child Language Data Exchange System，即儿童语言数据交流系统。——译者注

② 德古拉（Dracula）是吸血鬼的代名词。——译者注

CHILDES 记录了一次类似的对话。一个 3 岁的孩子在和妈妈讨论因异国风情而名声在外的法国菜。

孩子："蜗牛能吃吗？"

妈妈："有的人吃蜗牛，没错。"

孩子："为什么？"

妈妈："因为他们喜欢。"

孩子："妈妈，你想吃蜗牛吗？"

妈妈："不，我不想吃蜗牛。"

孩子："我不喜欢吃蜗牛（长时间停顿）……有的人吃蜗牛。"

我们的孩子中有一个在 4 岁生日的时候去看了《星球大战》电影。当电影院灯光暗下来，巨大的风暴兵填满屏幕的时候，他展开了下面的逻辑推理："4 岁小孩儿不会害怕。我今天 4 岁了。我不害怕。"CHILDES 数据库里的一个孩子尼娜把蛋杯放到自己眼睛上，再放到爸爸的眼睛上，然后拿掉再放上去，嘴里重复说着"能看到，看不到"，一边做动作，一边评论她和爸爸看到的景象有什么不同。

孩子一旦学会说话，就会谈论自己和他人的心智。但是一开始，他们的关注点放在欲望、知觉和情绪上面，比如自己和他人想要什么、看到了什么以及有什么感受，而不是他们知道什么或者有什么想法。再过一段时间，他们才会开始谈论思想和信念，说出类似下面的话："人们认为吸血鬼德古拉很坏，但其实他很善良。"或者"这是一辆公交车，我还以为是出租车呢。"

千万不要相信孩子的证词

欲望、知觉和情绪是心智的主要组成部分，孩子刚满 3 岁就能很好地理解这些心理状态，这实在让人惊讶。这三种状态有一个共同的特性，就是哲学家所说的“透明性”(transparency)。孩子看待欲望、知觉和情绪的方式几乎同我们看待磁铁、子弹的方式没有区别。如果你想要一样东西，就会被这样东西吸引，就像铁屑会被磁铁吸引一样。顺着别人手指的方向，你会看到他所指的物体，就像如果你挡在了一颗呼啸而来的子弹的弹道上就会被击中一样。这就是哲学家所说的“透明性”的含义。

但是其他心理状态则有很大的不同，比如信念和思想。我们相信或者认为一个冰激凌或一辆玩具车有什么特点时所需的思维方式，与我们看到或者想要这两样东西时的心理状态是不一样的。相反，我们相信或者认为的对象是“有关”冰激凌或玩具车的事情。我们相信或者认为冰激凌里有坚果、玩具车需要装电池。哲学家认为，信念具有“不透明性”(opaque)，或者说“表征性”(representational)。

有一个经典的哲学例子，这个例子可以追溯到小说还是匿名发表的年代。这个例子就是：你对“沃尔特·司各特”(Walter Scott) 和“小说《威弗莱》(*Waverley*) 的作者”这两件事所持的信念可能是不同的，但事实上，“沃尔特·司各特”和“小说《威弗莱》的作者”完全是同一个人。当我们说某个人相信某个事物如何时，我们的意思是，在这个人的内心，产生了一个指代所讨论事物的描述或者画面，即与它“有关”。[21]

关于这一点的一个重要结论是，信念有可能是错误的。我们也许会认为冰激凌里有坚果，而事实上这是一个纯香草冰激凌；我们或许会认为玩具车需要装电池，而实际上这个玩具车是靠一根橡皮筋提供动力的；再或者我们会以为沃尔特·司各特不是小说《威弗莱》的作者。我们所相信的关于这个世界的某种认识有可能是错的，但人的欲望和知觉不会以同样的方式出错。

怎样才能判断孩子是不是以这种非透明和表征的方式理解信念的呢？我们可以创设一个简单的场景，在这种情形下，有人会相信一些不真实的事情。比如说，我们可以给孩子展示一个熟悉的糖果盒，[22] 所有看到糖果盒的人都会默认盒子里面装的是糖果，但当我们打开盒子时，发现原来这是一个陷阱：里面其实是铅笔。然后我们可以问孩子关于这一系列事件的简单问题，比如：你当时以为里面是什么？你的朋友尼基看到的也是这样合上的盒子，他会认为里面是什么呢？如果有人想要糖果，当他看到盒子里面的东西时，会感到吃惊或者失望吗？如果有人想要铅笔，会朝盒子里看吗？从外表来看，盒子里更像是装了糖果还是铅笔呢？

所有这些问题都指向同一个基本观点：这个骗人的盒子引导我们产生了错误的信念，虽然看上去是一回事，但实际是另外一回事。这会让我们用不同于世界真实状态的方式去表征这个世界。对成年人来说，这些问题的答案似乎显而易见，但是3岁大的孩子始终会给出错误的答案。他们说所有人都知道盒子里有铅笔，或者说看起来盒子里装了铅笔，甚至会说他们一直都认为盒子里装的是铅笔。孩子好像认为，既然只有一个世界、一个单一的现实，那么每个人理解世界的方式就都是一样的，对于同一事物，人们永远不会拥有不同的信念和想法，而他们自己也永远不会改变对任何事物的看法。

当然，成人可能偶尔也会产生这样的错觉。但即使是最顽固不化的成人也或多或少能认识到，至少有时候别人会不认同我们的想法，至少有时候的确是我们自己错了。而孩子则全盘接受“无谬说”这一信条。

孩子似乎意识不到自己信念的改变，这一点十分奇怪。艾莉森决定测验一下，既然孩子错误地理解了他人的信念，那他们在理解自己的信念时是否也会犯同样的错误。第一个接受测试的孩子在第一眼看到盒子的时候大声惊呼：“糖果！”等盒子打开后她说道：“我的妈呀！原来是铅笔！”但才不到1分钟，她就一脸严肃地坚决否认自己之前以为盒子里装的是糖果。

学习实验室
THE SCIENTIST IN THE CRIB

艾莉森做过的其他实验也都指向同样的结论。例如，即使一件事刚刚发生不久，3岁儿童似乎也无法记得他们是怎样得知这件事的。在一项研究中，实验人员用金属丝做了一个拱形，然后在上面盖了一块布，两端留出开口，做成一个“布隧道”，然后把一只杯子藏在了下面。孩子发现隧道下面藏着东西的方式一共有三种：拿掉隧道看见下面的杯子，把手从隧道两端的开口伸进去摸到杯子，或者由实验人员直接告诉他们“隧道下面藏了一只杯子”。然后实验人员问孩子隧道下面有什么。孩子总是能说出这个问题的正确答案，但是接下来的问题孩子更难回望了。实验人员问道：“你是怎么知道隧道下面有杯子的？是你摸到的、看见的，还是我们告诉你的？”

实验发现，孩子对于自己是如何发现这个物体的感到十分困惑。比如他们会说他们看见杯子在下面，而其实是实验人员告诉他们的。从这些实验中我们可以看出，让孩子作为人证提供证词的做法存在明显的问题。孩子并不比成人更容易撒谎，也不会将幻觉和现实混为一谈，但是他们可能很难分清一件事情到底是自己亲眼看到的，还是某个好心的律师或者社工告诉他们的。[23]

尽管如此，孩子对日常事件的记忆力丝毫不逊于成人，甚至比成人更好。[24]还记不记得安迪的模仿实验中那个1岁的孩子？一周过去了，他还记得实验人员用额头碰过那个盒子。在其他研究中，安迪发现18个月大的孩子对新鲜事的记忆可长达4个月。而且在一些诸如需要注意力的卡片游戏中，我们大多数成人都有过被小孩子打败的经历。此外，我们还通过实验系统地表明，孩子即使不记得自己早先的信念或想法，也能够记得过去发生的事件。

这是怎么一回事？这些孩子对最古老、最被珍视的哲学信条之一发出了挑战。这一信条有时被称作“第一人称权威”（first-person authority）。似乎大多数人都觉得他心问题是关于他人的，虽然我们必须推测他人的想法，但是至少我们清楚地知道自己是怎么想的。事实上，笛卡儿认为我们确切知晓的唯一一件事，就是自己的想法：“我思故我在。”但不管是在陈述自己的心理状态还是在预测他人的心理状态上，孩子都会犯同样的错误。就好像他们对心智持有一套单一的理论，不管对自己还是对他人，他们都会使用这一理论。他们对自己心智的理解，似乎并不比对周围人心智的理解更多。

我们似乎是通过将他人与自己做比较来了解他人的，但事实上，研究表明，我们也会通过观察他人来了解自己的心智。

孩童的歌剧：爱与欺骗

大家也许会觉得我们截至目前所描述的“科学家宝宝”是一个不偏不倚、冷眼旁观的角色。但是发现和了解他人这件事深刻地影响了我们对他们的感觉以及与他们相处的方式。而发现和了解自己这件事又深刻地影响着我们的感受方式和生活方式，对于这一点无可争辩。我们已经看到，在18个月大的孩子逐渐长成可怕但又能够共情的2岁孩子的过程中，他们的新发现是如何影响他们的日常生活的。三四岁的孩子对心智不断复杂化的理解也给他们的日常生活带来了影响。

年幼的孩子无疑是情感强烈的动物。但是，关于儿童的流行理论将这些情感视为其行为的主要动力，没有得到思想或知识的修饰。弗洛伊德的传统理论将儿童的思想和信念视为完全是由原始动力塑造的。[25]另一个更贴近生物学的传统观念的灵感来自对动物妈妈和动物宝宝“联结”（bonding）的研究。例如，一些雏鸟会跟随在它们出生后看到的第一个大型移动物体之后。比较心理学家康拉德·洛伦兹（Konrad Lorenz）研究了这种现象，他过去经常在自己居住的奥地利村庄的道上漫步，身后跟着一队幼鹅。[26]

至少在某些理论中，人类的“联结”或“依恋”也被认为是接近条件反射的本能反应。有一个或许是杜撰的故事。在一间产科病房的墙上贴了一个标语牌，上面写着“联结建立之前，请不要把婴儿从母亲身边带走”。还有另外一个故事完全是真事儿。在艾莉森刚刚生下第一个宝宝时，一名护士过来说她会把孩子带到育儿室去。艾莉森礼貌地拒绝说她不要和宝宝分开，原话是：“想要把我们娘儿俩分开，先带个撬杠来。”护士回答道：“亲爱的，不要担心，我们会让你们先建立联结的。”这种观点将联结视为强力胶：将母亲和新生儿放在一起，按住持续若干分钟，两人就会牢牢地粘在一起。[27]但最近的研究改变了这些观点。

欲望不是思想的主宰，“联结”也不是必须发生在关键期的一次性事件。知识对情感的引导多于情感对知识的扭曲。父母与子女之间

的关系同其他人类关系一样，是随着双方的认识和相互理解的加深而发展、变化的。

关于依恋或联结的新观点是，婴幼儿会发展出“内部工作模型”，这是关于人们如何彼此相互关联的系统图景，即爱的理论。[28] 当然，孩子对周围人的观察对这些模型有重大影响，而且如科学理论一样，这些模型也会影响孩子解读新观察的方式。如果你在遭遇困境时，看到你所依赖的那个带给你温暖和舒适感的人转身离开了，这可能会影响你对他人行为方式的期望以及对他人实际行动的理解。

但是，这些内部工作模型并不是一成不变的，而是具有很强的灵活性的。像科学理论一样，只要有足够的新证据，就可以让它们发生改变。随着孩子了解到更多有关人们如何相处，特别是如何亲密相处的新信息，他们就会改变自己的观点。即使是遭受虐待的孩子，如果他们身边有人不离不弃，往往能避免持久的创伤。即使是与一个朋友、亲戚或老师相对短暂的相处经历，也可以为孩子打开一扇理解爱的新窗口。

孩子关于人的其他了解也可能深刻影响他们的情感和社会生活。弗洛伊德说3岁的孩子具有惊人的情爱特征，对于这一点他说对了，身为发展心理学家的我们也依然为此感到震惊。3岁的孩子对待父母就像人们对待恋人一样。事实上，他们像意大利歌剧中的情人一样，有激情，会感性地给予拥抱，有遭遇分离时那浓烈的绝望，也有对竞争对手的嫉妒。

但这些激情可能反映了真正的发现。婴儿期的互动包含一种孩子和周围人之间的和谐，那种像枕边呢喃细语一般密不可分的感觉。随着婴儿长成幼儿然后成为学龄前儿童，他们越来越明确地意识到他人都是拥有不同欲望、不同情绪、不同思想与信念的独立心理生物。但是，正是这种“他性”才是情爱情感（erotic emotion）的根源。当我们开始意识到自己所爱的人与我们不同，有不同的渴求之物、不同的想法甚至不同的爱时，便不能以同样的方式把他们的爱视为理所当然。

学龄前儿童爱上父母更像是《追忆似水年华》中普鲁斯特的斯万爱上了谜一样的奥黛特，而不是古希腊悲剧中的俄狄浦斯爱上伊俄卡斯忒。孩子并没有被某种原始而致命的无知所掌控；相反，他们被一种同样致命的有知侵扰了。爱的内涵也包括想要得到你明知无法得到的东西：全心的关怀、完全的奉献和绝对的忠诚。

孩子关于信念的发现也会影响他们与他人关系的其他方面。如果你想欺骗他人，或者识别出他人在欺骗你，就需要理解他们相信的事物和你相信的事物之间的区别。这取决于你对信念的运作机制的理解，取决于你知道自己必须做什么来让某人相信一些并不真实的东西。两三岁孩子说谎的本事太拙劣了，根本不够格被称为说谎。[29] 一个 3 岁的孩子会站在马路对面朝你大喊，不是他自己过的马路。他们的撒谎技术之所以这么差，正是因为他们似乎不了解想要让某人持有错误的信念需要什么。我们可以系统地展示，“真正”的谎言直到孩子 4 岁左右的时候才开始浮现，这时候孩子们才开始理解像骗人的糖果盒一样的“错误信念”问题。同样的道理，孩子们差不多也在这个年龄才开始明白他们可能会被成人欺骗。

乍一看，撒谎似乎并不是一个很值得学习的技能，但是某些种类的欺骗对我们的文明生活来说至关重要。在四五岁之前，孩子甚至不能理解我们称为“礼貌”的必要谎言。[30] 很多情形都让他们大为困惑，比如一个人在收到不喜欢的生日礼物时会假装很开心，或者膝盖擦破了也不龇牙咧嘴，而是装作若无其事。人可以感受到一种情绪而又表达出另一种情绪，这件事似乎让幼儿感到很矛盾。这可能就是为什么年幼的孩子在日常生活中很难掩饰自己的情绪，也可以辅助解释为什么有3岁孩子相伴的生活简直好比每天上演12小时的歌剧《托斯卡》（*Tosca*）①。

学校教育的前提：知道自己不知道

以新的方式理解信念也可以让你以新的方式接受指导。我们看到，年幼的孩子似乎并没有认识到，他们对世界的看法在过去已经有所改变，或者将来会发生变化。但“知道自己不知道”的这种认识，是孩子能在学校接受系统教育的先决条件。在美国的文化中，“学前教育”结束、“真正的学校教育”是在6岁左右开始的。[31] 事实上，即使在没有“正式教育”的文化中，一直隐含的认识是，教导3岁的孩子与教导6岁的孩子是两回事。在整个人类文化和历史时期，从教义问答到针线活儿再到骑士礼仪的传授，似乎只有年龄较大的孩子才是正式教学的合适目标。为了利用这种正式的指导，你需要做的不仅仅是学习和获得知识，我们已经看到婴幼儿在这方面简直是天才。要想做到这一切，你还必须了解知识，并学习如何学习。你必须知道自己需要学习的是什么，以及学习如何获得新的知识。

3岁孩子在回忆自己过去的信念上表现得十分糟糕，这一事实也可能告诉我们关于记忆的重要事情。心理学的一大难题就是婴儿健忘症（infantile amnesia）现象，指的是作为成人，我们不记得3岁之前发生的事情了。[32]

① 《托斯卡》是意大利歌剧作曲家普契尼（Giacomo Puccini）的名剧之一，集权力斗争、阴险谋杀、爱恨情仇于一体，剧情跌宕起伏，动人心魄。——译者注

尤其令人费解的是，我们已经看到两三岁的孩子甚至婴儿似乎都能很清楚地记得过去发生的事情。对于成年人来说，这种连续的自传体记忆依赖于关于心智的某些观点。我们的记忆之所以特别，不仅仅是因为我们知道过去发生了某些事情，更在于我们知道这些事情是发生在自己身上的。在回忆过去的时候，我们重温的不仅仅是发生了什么事，还有我们关于这件事的思想和感受，以及我们是如何看待这件事的。但是毫无疑问，要做到这些，前提是要能够理解“拥有思想”是怎么一回事。这一切的基础是了解心智是如何运作的。

3 岁之前，我们对自己心智的认识以及我们自身有关心智的经验，似乎与成人时期的认识和经验截然不同。3 岁时，我们似乎无法理解自己过去和现在的思想之间的差别，尽管我们的确明白过去的事件和现在的事件之间的差异。而且当过去的思想与现在的思想相冲突时，我们似乎就无法回忆起这些过去的思想。也许这一点可以解释为什么我们不能从自己身上发生的事情中构建出一个连续的自传故事。

让奇迹发生的三个途径

在 5 岁左右的时候，我们理解心智的方式似乎与二三十年后基本一致。我们对思想和信念的理解水平，与对知觉、情绪、欲望和情感的理解程度是相当的。当然，完全了解自己和他人是一项艰巨的终身事业，但是在短短数年内，基础工作就已经就位了。即使是那些还没有学会阅读或基本加减法的很小的孩子，也已经学到了关于自己和他人心智的深刻真理。

新的发展研究表明，孩子对人的理解是一个前后一致并且明显具有逻辑的变化过程，但对于促成这些变化发生的原因，我们了解得还不够。孩子是如何在如此短的时间内获得对心智如此多的了解的？正如我们在第 1 章中所说，其中的因素似乎有三个。孩子们可以利用自己先天已经打好的坚实基础、强大的学习能力和他人的内隐性指导。

基础：心盲儿童

每一万名儿童中大约有 10 名会受到自闭症的影响。有的自闭症儿童也面临着其他困难，其中比如有一些患有智力迟滞，还有些自闭症儿童拥有正常的智力，然而，他们理解他人的方式有一些特别，使得他们与我们非常不同。如果你问一个聪明的 12 岁自闭症儿童“自豪”是什么意思，曾经有没有感到过骄傲，他会沉默很长一段时间。之后他会皱着眉头，自言自语地咕哝道：“我知道这个词。”然后他会犹豫地说：“自豪，就是比如踢足球射门得分，这就是自豪吧？”他的回答是正确的，但是他得出答案的方式似乎与大多数 12 岁的孩子不一样。大多数 12 岁的孩子会立刻自信地讲出自己一些很荣耀的经历。

患有自闭症的坦普尔·葛兰汀（Temple Grandin）女士是一位从事畜牧业研究的著名教授，她说感觉自己就像是一个身处火星的人类学家。她对他人的认知，是通过仔细观察他人的行为规律，痛苦地拼凑出来的。我们大多数人天生便有能力在自己和他人的心灵之间建立关联，然而自闭症患者在解决他心问题时似乎不得不从零开始。[33]

自闭症患者的生活使我们意识到能够理解他人的心智有多重要。大多数孩子从一开始就喜欢人胜过喜欢物，而自闭症儿童的偏好往往是相反的。他们会完全被积木的形状甚至列车时刻表这样的东西吸引，而对人则是躲避的。在某种程度上，这是有道理的。想象一下，如果他人在你看来的确是不可预知、随意移动的奇怪皮囊袋而不是拥有心智的人，那么世界将会有多么恐怖和糟糕。

这些差异也系统地反映在自闭症儿童在我们刚才描述的许多实验中所表现出的行为方式上。因为很多自闭症患者也有智力障碍，所以这些研究的基本前提，就是将自闭症儿童同时与智力年龄相同且正常发育的孩子以及因为唐氏综合征等其他原因导致智力迟滞的孩子进行比较。自闭症儿童很难模仿他人的面部表情，不能以同样的方式指引他人注意或跟随他人的注意指向，不理解错误的信念，比如对欺骗性糖果盒的错误假设。他们真正解决以上问题的时间比正常发育的孩子甚至唐氏综合征儿童要晚得多。心智理解能力的逐渐发展对他们来说是缺失的。

自闭症儿童似乎不具备一个基本的假设，那就是他们和其他人一样，而其他人也和他们自己一样。这个不容置疑的第一原则是我们日常心理学的一个公理。看似有些矛盾，但这也是大多数孩子能够继而发现自己与他人之间所有差异的部分原因。

在 20 世纪 50 年代的精神分析研究中，当自闭症得到首次描述时，一些精神病学家认为，这种疾病是由那些对孩子冷漠无情的“冰箱母亲”造成的，而且拥有大学学历的母亲尤其可能让自己的孩子患上自闭症。深陷这样的悲剧，这些母亲已经够惨了，可人们还要往她们的伤口上撒盐。无法想象她们的生活该有多么悲惨。站在我们目前所处的有利地位，以新千年之初的女权主义认知心理学家的身份来批评 20 世纪 50 年代的弗洛伊德学派对待女性的态度，有点儿像把鱼放在桶里进行射杀。但是这些“梭鱼”依旧会露出狰狞的笑容，所以杀上一两条似乎非常有必要。

如今我们很清楚地认识到，自闭症与父母如何对待宝宝毫无关联。自闭症发病早，有很强的遗传成分，在有些情况下也可能由出生前大脑受到的损伤引起。甚至对于自闭症涉及哪些大脑区域我们也有了一些了解。此间的这位残酷无情的“妈妈”，其实就是大自然母亲。

学习：成为一名心理学家

自闭症儿童面临的困境表明，我们对心智的理解有一个先天的基础。另一方面，我们看到孩子所掌握的关于心智的不同类型的知识在逐渐扩充和延伸，这一事实表明，我们必须在先天的基础上不断发展。令人惊讶的是，虽然一些自闭症儿童因为先天没有这样的基础而要多付出无数倍的努力，但是他们最终还是成功了。

对于那些让我们得以了解心智的一系列过程，我们有什么解释呢？早期我们认为自己和周围的人有一样的信念，后来能够充分理解欲望、知觉和信念甚至存在主义焦虑间的细微差别，这样的改变靠的是什么？

我们认为孩子通过成为心理学家来了解心智。[34] **他们会做预测、做实验，他们试图解释看到的现象，并根据已有的知识形成新的理论。**

用这样的方式来解释孩子对心智的认识逐渐深入的过程似乎是最好的。我们可以观察到孩子们在日常生活中实践与心智有关的想法，并且通过思考，试图解释他人在日常生活中的奇怪行为。

我们也有更直接的证据表明，孩子们像科学家一样学习。[35]

学习实验室 THE SCIENTIST IN THE CRIB

艾莉森和她的学生弗吉尼娅·斯劳特（Virginia Slaughter）以还不能充分理解信念的3岁儿童为对象做了一项研究。这些孩子最初也会说他们一直都认为糖果盒里装的是铅笔，但在之后的几个星期里，弗吉尼娅向这些孩子提供了系统证据，证明他们的预测是错误的。她坚定地告诉孩子们，他们一开始说的根本不是铅笔而是糖果。当孩子们预测说尼基会认为盒子里有铅笔时，她就把尼基叫进来问是不是这样。对照组的孩子接受的训练十分相似，不过训练的内容是与心智理解无关的数字问题。

两个星期后，她向孩子们提出了一个有关错误信念的新问题，这次问的是一堆外形酷似高尔夫球的肥皂。相比数字学习小组的孩子，在高尔夫球形肥皂问题上，那些被实验人员通过提出反面证据证明他们在糖果盒问题上的观点不正确的孩子表现得更为出色，对问题有更好的认识。弗吉尼娅也向孩子提出了有关信念的各个层面的新问题，比如信念来自哪里，表象和现实有什么不同。经过反证的孩子不仅在迷惑性物体问题上表现得更好，在其他许多有关信念的问题上也表现得更优秀。

通过在恰当的时机提供适宜的证据，我们似乎在儿童对心智的认识上激发了一场宏大、彻底的变革，一种理论上的革新。

我们认为，孩子能够了解他人，而且所采用的方式与科学家探索世界的方法是一样的。起初他们可能会忽略与自己的理论相矛盾的反例。事实上，3岁的孩子会告诉你，他们第一眼看到盒子的时候就说盒子里装了铅笔，甚至坚持认为尼基说盒子里装的是铅笔，而事实上尼基说的话正好是相反的。尽管如此，随着不同种类的反面证据逐渐累积到一定的量，仅仅置之不理或者重新解释这些事实已不再可能。当新理论最终取代了旧理论时，就会产生深远的影响。新理论不仅让我们得以应对反面证据，也让我们能以全新的方式理解许多其他现象，让我们能够对将来会发生的事做出一系列新的预测。

他人：小弟弟在看着呢

在刚刚描述的实验中，我们发挥了大自然对科学家的作用，比如打破预期、摈弃先入为主的偏见，同时给出正确答案的提示。但是话说回来，我们是发展心理学家，那么普通人在孩子的一生中能否扮演同样的角色呢?

从某种意义上来说，答案只能是肯定的。他人的存在本身就已经提供了很多我们所需的了解他人和了解我们自己的信息。但是我们有理由认为，哥哥姐姐在孩子对心智的理解中发挥着尤其重要的作用，而这一群体往往被忽视。通常情况下，哥哥姐姐比弟弟妹妹在智商测验等方面表现得更好。但是，弟弟妹妹在心智理解测验中的表现始终都比哥哥姐姐要好，[36]他们能在相对更小的年龄就搞清楚具有迷惑性的糖果盒问题。此外，一个孩子的兄弟姐妹越多，他在这方面的表现就越好。

父母们往往会很自我地认为，自己是孩子生活中的决定性因素。但是对于一个 2 岁的孩子来讲，哥哥姐姐是更具魅力的有关人性的榜样。事实上，在许多文化中，哥哥和姐姐承担了婴儿断奶后的大多数看护工作，即使在美国的文化中，父母也能注意到一个 2 岁的孩子会很投入地模仿他 4 岁哥哥的一举一动，而 4 岁的哥哥在和小弟弟讲话的时候甚至会改变自己的语调。[37]

我们还不能很确切地知道哥哥姐姐是如何教会弟弟妹妹了解心智的，但有两种相对宽泛却又相互关联的解释。要知道孩子学到的很多东西都涉及自己与他人心智之间的差异，而他们在很大程度上将相似点视为理所当然。事实上，认为自己像其他人一样这个假设似乎是早期心智认识的一部分。爸爸妈妈往往会将自己与宝宝心智之间的距离缩减到最小。他们寻求共同性和理解而不是差异，教给孩子的主要是融合性。可怕的 2 岁孩子之所以可怕，正是因为他们强迫我们面对我们之间的不同。当然，这里的部分原因要归结于我们身为父母的无私美德，但也可能是因为我们对孩子世界的影响无所不在而又不可避免。

哥哥姐姐或许可以提供一种平衡力，他们更有可能强调他们想要的东西和小弟弟、小妹妹想要的东西之间的不同，或者毫不忌讳地将 4 岁的他们所拥有的高超知识和 2 岁宝宝可怜的愚昧无知进行比较。

另一种解释是，孩子们有特别强的动力想要去理解他们的哥哥姐姐，并对他们做出准确的预测。拿破仑曾说，仆人对主人的了解总是超过主人对仆人的了解，同样的道理也适用于小弟弟和小妹妹。无论发生什么事情，爸爸妈妈都会对你很好，但是要想让哥哥姐姐为你做事则必须更精明、更狡猾，还需要更多的特殊技能。

小弟弟和小妹妹使用了我们人类一般生存策略的特殊版本，即以智取胜、以小胜大。而事实上，还有其他证据表明，弟弟妹妹往往比哥哥姐姐更有魅力、更擅长社交，虽然哥哥姐姐可能更有雄心，也更加霸道。

科学解释总是增加而不是减少我们的惊奇感和敬畏感。婴儿可以如此快速地学习，这一点依然让我们感到既惊奇又敬畏，即便我们逐渐理解了他们是如何做到的，这种感觉也没有减少。虽然我们也许偶尔会谴责大自然的冷漠无情，但是我们有很多值得感恩的地方。进化似乎自动地给予了大多数孩子发展亲密关系的基本能力，赋予了他们极其好奇的心灵，也带给了他们足够多的亲属来满足他们建立亲密关系和施展好奇心的需要。夫复何求？

03 孩子如何认知事物

THE SCIENTIST IN THE CRIB

推断出他人心智的本质对于生存十分重要，而同样重要的是推断出物理世界的本质。作为一个成年人，你知道如何将周围不断变化的混乱光线、声音和气味模式解码成一本书、一张沙发、一张莫扎特的CD和一杯咖啡。但是这样的知识从何而来呢？

我们生活的世界，是一个由三维物体组成的世界。这些物体按照一定的规律在空间里运动着，存在于我们的身体之外，即使在没有人注视的情况下也依然存在。这些物体中有的是人，有的是动物，有的是植物，有些只是无生命的物品。有些物体相似，有些则不同。然而，所有这些平淡无奇的日常经验都是以我们身体外围的微小事件为基础的，光子不断轰击我们的视网膜，空气分子在我们的鼓膜上振动，还有我们指尖感受到的飘忽不定的压力。如何弥合我们丰富的日常经验和感官所接收到的贫乏信息之间这种显然难以逾越的鸿沟呢？

虽然我们每天都面临着各种版本的他心问题，但奇怪的是，我们没有看到外部世界问题的影子。我们把感知和理解外物当成了理所当然的能力，这种能力是我们所做的一切的基础。它过于简单和明显，导致我们对它视而不见。

要让这些假设显现，可以想想魔术表演中发生的情况。[1] 从穿着燕尾服在孩子的聚会上助兴表演的兼职学生魔术师，到魔术大师大卫·科波菲尔（David Copperfield），所有魔术师制造出的效果都是类似的，主要区别仅仅在于表演时说的套话和舞台设置的不同。魔术师的惯用手段是制造违反常理的事件，这些事件涉及关于物体运动规律的通常不容置疑的信念。

我们内心不可思议的震惊和惊奇体验反映了这些信念的力量。魔术师能够让一个对象从一个点移动到另一个点而不穿越两点之间的空间：小白兔一开始在盒子里，而后来出现在高顶帽子里；他们能够把一个物体变成两个物体：在我们的注视下，一个银戒指变成了两个；他们能让有间隔的两个物体互相产生影响——魔术师挥动魔术棒时，舞台另一边的箱子就开始来回摆动；他们能将一种物质变成另外一种物质——水变成了橙汁；他们甚至能让一个无生命的物体变成活物——一块丝巾变成了一只鸽子。

为什么魔术师的表演如此令人惊诧而又引人入胜呢？为什么我们能够确定兔子并没有真的从盒子里消失，但又不可思议地出现在了帽子里？必定是因为我们十分确信物体不会凭空消失，不会由一个变成两个，更不会从一个东西变成另一个东西。事实上，我们对此非常确定，因而会“不敢相信自己的眼睛”。魔术表演让我们意识到那些我们通常认为理所当然的复杂而抽象的日常物理学原理的存在。这些信念深深地扎根在我们内心深处，这对我们来说太重要了，因而会让我们不去相信眼前所见。我们知道帽子里是变不出兔子的。即使小孩子也能体会到魔术的神奇，所以穿燕尾服的少年魔术师收到的观众回应与大卫·科波菲尔在拉斯维加斯演出时收到的一样热烈。

没有人明确地教导过我们魔术师的戏法是不可信的，就像从来没有人告诉过我们兔子不可能在帽子里一样。而直接从光子和声波的轰击等感官体验中学到这些原则似乎也不可行。事实上，随着对人体感官的运作原理的认识越来越多，我们已经意识到，外部世界通向大脑的道路是多么复杂和曲折。

亚里士多德大可依然认为物体的真正本质就是通过眼睛进入我们脑海中的，这就是我们看世界的方式。[2]这就好比每次你翻看这本书的某一页，都在吸入一片小小的、完美的“书性”。但是到了17世纪，我们就已经开始明白，视觉是光被物体表面反射之后进入眼睛产生的结果。贝克莱主教（Bishop Berkeley）和笛卡儿等科学家在光学（研究光和视觉的科学）方面取得了进步，与此同时，作为哲学家的他们也感到了迷惑：光学现象何以能让我们了解物体真正的样子？从视网膜上弹出的光线图案如何告诉我们，物体不会凭空消失或者空间是三维的？

当代对这个问题的回答是，我们掌握了一种特殊的知识，能让我们将感官信息转化为对客体的表征。[3]大脑通过感官接收信息，比如通过视网膜和鼓膜接收有规律的刺激，然后将信息进行系统性的转换。大脑对信息进行重新整理和修改的方式有点儿像文字处理器，它可以重新排列和修改你键入的符号序列，不过大脑所做的重新整理工作无疑远比文字处理器要复杂。这一过程的结果就是人们形成了一个连贯而复杂的信念网络，而魔术师所做的事情与人们的这些信念发生了严重的冲突。

这些信念就是所有这些转化和重新整理之后我们最终产生的表征，它们的确帮助我们认识了外部世界，这是进化的伎俩。相比于一开始接收到的原始感官信息，大脑最终形成的画面实际上更接近世界的真实结构。这个世界的确充满了各种物体，这些物体在空间中进行着有规律的运动，而进化确保了我们最终能够明白这一点。

推断出他人心智的本质对于生存十分重要，而同样重要的是推断出物理世界的本质。

所以，作为一个成年人，你知道如何将周围不断变化的混乱光线、声音和气味模式解码成一本书、一个沙发、一张莫扎特音乐的 CD 和一杯咖啡。但是这样的知识从何而来呢？

总体上，这一问题的答案与他心问题的答案是相似的：我们生来便懂得很多，通过学习了解更多，而他人不知不觉中也教会了我们很多。

有一些知识是与生俱来的，比如说，即便是新生儿似乎也懂得，我们生活在一个三维的世界里，他们懂得那些看起来弯曲的东西摸上去也是弯曲的。但其他知识只能通过循序渐进的方式获得。比如婴儿起初并不了解一个物体可以被另一个物体遮挡。正如婴儿必须学习那些我们认为理所当然的关于人的事情一样，他们也必须学习多到惊人的关于简单物体的知识。最后，还有一些关于物体的知识似乎是成年人在无意识中传递给他们的。即使在与婴儿交谈时，我们也在通过语言下意识地向婴儿“教授”关于物体的知识。

孩子生来就知道的事

条纹的诱惑

让我们回到医院病房里那个温暖的小生命旁边吧。这个崭新的生命已经与他人建立了深刻的联系，但这并不是婴儿世界的全部。婴儿喜爱人的声音和面孔超过任何东西，但他们也喜欢条纹和物体的边缘。[4] 只有几天大的新生儿会全神贯注地凝视天花板的角落或者条纹购物袋，完全忽视奶奶带来的颜色鲜艳、带有柔和印花的昂贵玩具。我们可以用上一章讨论过的类似实验系统地展示这一点。你可以给婴儿展示不同种类的图片，看看他们会关注哪些。婴儿往往会把目光转向高对比度的复杂图案，而不去关注低对比度的简单图案。方格棋盘和靶心图案似乎是新生儿审美的顶峰。事实上，婴儿玩具制造商早已将这项研究的成果应用到了实践中：专门为很小的宝宝设计的风动饰品上的图案，就是他们直接从发展心理学学术期刊上复制下来的。

婴儿为什么喜欢条纹？事实证明，这个问题不仅对玩具制造商很重要，对认知科学家也同样重要，因为它有助于回答另一个问题，即我们如何将眼前的连续视觉形象分割成单独的物体。比如当你看着面前的这本书时，你是怎么知道这本书和书下面的沙发织物背景的分界线在哪里，握着书的手的边缘又在哪里呢？虽然这似乎是一种简单的能力，但实际上，最复杂的计算机视觉系统也很难做到这一点。

像条纹这样的图案的特点是，两个表面的亮度和纹理之间存在明显的对比，这很重要，因为它们通常表明了物体起始和结束的位置。如果把这本书放在一个背景上，你会看到，眼前的画面里对比最强烈的边缘位置对应的就是书的真实边界。伪装的原理就是在物体内部加入边缘，并隐藏物体与背景之间的边缘。

如果你给很小的婴儿看一张复杂的图片，并记录他们观看图片时眼球的运动情况，你会看到他们在探寻物体的外部边缘。用威廉·詹姆斯（William James）的话说，新生儿已经在为自己感官中那“蓬勃发展、嗡嗡作响的困惑”施加秩序了。他们已经把世界划分成了一系列独立的事物。关注边缘是将静态图像分割成独立对象的最佳方式。

运动的重要性

但是，婴儿的世界不是静止的。即使在医院的病房里，一切都处于运动之中，甚至新生儿也会用眼睛跟随一个移动的物体。艾莉森家的大小子们就很喜欢拿玩具在小弟弟眼前缓缓地来回移动，以此给弟弟“催眠”。对于物体的起点和结束位置，相对于仅仅依靠边缘做判断来说，运动提供了更好的线索。

假设一个婴儿正在注视一只大鸟玩偶，大鸟放在印有小兔子图案的被子上。这只大鸟的身体包含很多不同的部分，每一部分都有特定的边缘，从视觉上看，它的头部、躯干和脚都是独立的。同样的道理，被子上的每一只小兔子也有自己独立的边缘。但如果你把被子从大鸟下面抽掉，被子上的所有边缘都会跟着移动，而移动的路径与大鸟的所有部位都不一样。通常与诗意无缘的心理学家们很有诗意地将其称为“共同命运原则”（the principle of common fate）。如果一些物体始终沿着相同的路径共同运动，那么它们必定是同一物体的组成部分。[5]

你可以系统地展示，婴儿会注意到这种信息。如果先让小宝宝看一段关于大鸟的视频，一开始大鸟是静止的，然后拆分成独立的几部分，这时他们不会感到不安，因为所有的部分都有独立的边缘，所以就婴儿所掌握的知识来讲，这些部分可能一开始就是独立的物体。但是，如果先向他们展示的是大鸟快速移动的视频，那么他们就会看到这个物体的所有部分都在一起运动，然后向他们展示大鸟拆分过程，这时他们就会看得更久，也更专注，好像他们看出来有哪里不对劲儿了。看到这些部分一起移动，即看到它们的“共同命运”，就似乎在告诉婴儿，这是一个物体，这个物体的各部分永远都连接在一起。**所以说婴儿已经具备了一些原则，他们能够运用这些原则给这个混乱**

的世界施加秩序。

运动对于婴儿的重要性似乎在其他方面也有体现。很小的婴儿对物体运动特征的了解程度就让人惊讶。婴儿不仅可以跟随在他们面前运动的物体，似乎还能够预测物体将来会如何移动。[6] 假设你向婴儿展示一个沿着特定轨迹运动的物体，也就是说，这个物体以特定的速度沿着特定的路径运动，比如有一个球在桌子上滚动。过了一会儿，球就滚到屏风后面了。婴儿会去看屏风的另一边缘位置，该物体如果继续按照同样的速率和路径运动，应当会在这里出现。如果物体的确在那里出现了，那么婴儿是不受干扰的，他们会继续跟随物体。但是，如果物体没有出现在那里，或者出现在错误的位置，或者出现得太快或太慢，他们就会专注地注视屏风边缘更长时间。有时，他们会回到屏风的另一边缘处，或者沿物体的移动路径向更前方看去。**婴儿似乎能够预测物体应当处于什么位置以及到达该位置的时间。**

透过 3D 眼镜看世界

除了具有边缘和会运动的特点外，物体另一个很重要的特性是三维。18 至 19 世纪的经典哲学辩论话题之一是，我们是如何将投影在视网膜上的二维平面图像转变成三维的。只要稍微做点儿努力，闭上一只眼睛，把手拢成杯子状放在另一只眼睛上做一个框，你几乎就可以将周围的世界看成一幅平面图画，当然，这是一幅画得很好的画。虽然不像把亲人看作皮囊袋那样让人瘆得慌，但这种感觉还是会让人很奇怪，和平日的体验非常不同。但是这个平面图像实际上就是到达你眼睛的图像的真正样子。

英国大哲学家贝克莱主教认为，我们必须通过协调自己的视觉经验和在这个世界中运动的触觉经验来了解空间是三维的。贝克莱认为，在所有感官中，唯有触摸能给予我们关于距离和坚实性（solidity）的直接信息，而这些信息必须与通过视觉获得的二维信息相关联。[7] 婴儿可以证明，贝克莱错了。

一方面，即使是那些还不会走或不会爬的小婴儿，他们的举动也能表明他们明白距离是怎么回事。[8] 如果你向婴儿展示一个“正在逼近”的球，看起来正在朝着他快速移动，那么婴儿会向后缩，甚至把手挡在前面保护自己。同样的道理，如果你在婴儿手臂够得着的位置放置一个很诱人的有趣玩具，那么他的手臂就会笨拙地朝着玩具伸过来，尽管他还太小，根本抓不住玩具。当稍微长大一点时，他就会伸手去拿一个够得着的玩具，而不会把手伸向够不着的玩具。

即使很小的婴儿也懂得大小恒常性（size constancy）。[9] 假如我们向你展示一个球，然后在两倍远的距离再展示一次，那么你视网膜上的新图像将只有之前的一半大小，但是你毫无疑问能够将其识别为同一个球。另一方面，如果我们向你展示一个距离和大小都是原先两倍的球，那么你会认为这是一个新的球，尽管这一次你视网膜上的图像与起初的图像大小相同。就好像你进行了内隐推算，知道远处的物体看起来更小。

幼小的婴儿似乎也是这样做的。前面我们说过，婴儿在看到新事物时会兴奋并花更长的时间去注视，而看到同样的旧事物时就会停止注视。假设你向他们展示上面提到的第一个事件序列：首先是近距离的球，然后将球放远。虽然视网膜上的图像发生了变化，但是他们没有表现出特别的兴趣，这似乎表明，他们觉得远处的球大概是同一个。但他们看到远处的大球时的确来了精神，开始关注，尽管这一次他们视网膜上映像的大小并没有改变。和我们一样，婴儿似乎能够超越视网膜上的映像，感知到远处那个实实在在的球体的某些特征。

另一位伟大的英国哲学家约翰·洛克提出了另一个经典的认识论问题。如果你神奇地恢复了一个从出生就失明的人的视力，会发生什么？那个人会认出他依靠触摸所熟知的一切吗？还是说他需要煞费苦心地从头学起，才能明白那个摸上去光滑、坚硬、表面弯曲的东西就是陶瓷茶杯，或者那熟悉的、温暖细滑的柔软肌肤和丝滑柔顺的秀发对应的就是眼前看到的妻子呢？洛克认为，这个重拾视力的人必须学会在两种经验之间建立联系。[10]

婴儿是一个比突然被治愈的盲人更常见的奇迹。你也可以用洛克的问题问他们。事实证明，婴儿认为洛克和贝克莱一样，都错了。安迪给了 1 个月大的婴儿两种奶嘴让他们吮吸，其中一个奶嘴很粗糙，另一个很光滑。婴儿只通过嘴巴感觉奶嘴，从来没有看到过奶嘴的样子。然后他让婴儿看粗糙的物体和光滑的物体，不让他们触摸。婴儿在观看与他们刚刚吮吸过的奶嘴质地一样的物体时保持时间更长。不知何故，婴儿能够将嘴巴中奶嘴的感觉与其视觉形象联系在一起。[11]

你同样可以提出关于声音与视觉间关系的问题。[12] 即使是新生儿也会转过头来，朝着有趣的声响看，这表明他们已经期望会在声响传来的方向看到什么东西。你也可以进行更多的系统实验来测试这一点。例如，你可以让婴儿观看两个以不同频率弹跳的物体，同时播放录制了“砰砰”音效的录音带，音频的节奏与其中一个物体的弹跳节奏同步。婴儿能够辨别哪个视觉画面和他们听到的声音是匹配的。他们会花更长的时间注视与录音节奏同步弹跳的物体。

更令人吃惊的是，安迪和帕特①向婴儿展示了一个无声的视频，视频上的面孔要么在说“*ahhh*”（啊），要么在说“*eeee*”（咿）。然后他们给婴儿播放了这两个元音的音频。5个月大的婴儿能够辨别出哪张脸对应哪个音。当他们听到“*ahhh*”音的时候就会去看张大嘴巴的那张脸，而当他们听到“*eeee*”音的时候，就会去看嘴角往后咧的那张脸。毫无疑问，婴儿生来就拥有读唇语的本事，至少能读懂简单的元音。[13]这个实验很有挑逗性，想想满眼张大的嘴巴和满耳朵“啊啊啊”的声音……做完这个实验没多久，安迪和帕特两个人就结婚了。

所以，在生命的头几个月里，婴儿似乎已经解决了不少深奥的哲学难题。他们知道如何使用边缘和运动规律将世界分隔成单独的物体。他们对这些物体的运动特征有一定的了解。他们知道这些物体是三维空间的一部分。他们知道来自不同感官的信息之间的联系，能够将奶嘴的感觉和粉色突起物、人声和嘴唇的移动、小球有节奏的反弹和伴随的“砰砰”声关联起来。

理解物体消失：毛巾下的钥匙去哪儿了

如果婴儿已经知道了这么多，那他们还需要学什么呢？事实证明，他们需要学习的还有很多。我们怎么知道，物体在我们看不见的时候依然存在呢？这是一个经典的认识论困境。在你读这本书的时候，其实只能看到自己所在房间的一小部分，你的大部分视野可能都被这本书占据了。但是你一点也不怀疑自己所处的房间里充满了其他物体，即使你此时此刻看不到它们。以下

① 帕特即本书作者之一帕特里夏·库尔的昵称。——译者注

两首哲学五行打油诗反映的就是这个问题。首先是一个问题：

有一个年轻人说，上帝
您一定觉得诡异，
这棵大树
怎么还没有离去，
要知道没有一个人在这院里注视。

一位哲学家的答案是：

年轻人你的问题真是诡异，
我一直都在这院里，
这就是为什么这棵树
依然没有离去，
因为一直在注视的，是你真诚的上帝。

这个答案是不会令当代的认知科学家们满意的，但是这不影响我们提出这个问题：当我们不再注视的时候，怎么会这么确定那棵树依然在那里呢？

我们注意到，对于物体一旦从视线中消失后会在哪里重新出现，婴儿已经可以做出一些预测了。例如，如果你向婴儿展示一个滚动的球在屏风的一端消失，那么他们预测这个球会在正确的时间重新出现在屏风的较远边缘处。要做到这一点，婴儿必须在看不到物体的情况下也能对物体进行思考。测试这种能力的另一方法是向他们展示一种魔术师的戏法。假设你向小婴儿展示物体在屏风后消失，然后该物体没有重新出现，或者在一个很奇怪的位置出现了。相比于物体在预期位置出现的情形，这样的非预期场景会让不超过 6

个月大的婴儿注视更长的时间。

然而在其他情况下，婴儿的行为似乎表明，他们不太能明白物体消失后会发生什么。[14] 假设你向一个 6 个月大的婴儿展示一件超级迷人的物品，比如一块手表或者一串钥匙，婴儿会咧开嘴笑，一边兴奋地蹦跶，一边试图伸手去抓。这时如果你用毛巾把钥匙盖起来，他的动作会戛然而止，停在半空，欢乐瞬间变成了迷惑。如果你拿掉毛巾，他立刻又会变得欢乐起来。

皮亚杰最先做了这样的尝试，并对这个难题做了如下阐释：如果婴儿真的这么想拿到钥匙，那么他为什么不把毛巾揭开找到钥匙呢？也许是因为他的协调性还不够好。但是对于这一点不难检验，只需要把毛巾换成透明罩子即可。这时候婴儿没有任何困难，直接就能揭开罩子，那他为什么不这样做呢？会不会是因为婴儿不记得钥匙在哪里了？但是，你可以很容易证明这么大的婴儿可以记住一件事情长达好几天甚至好几周。相反，婴儿似乎觉得当毛巾盖住钥匙后，钥匙就已经不在毛巾下面了。对他来讲，看到钥匙重新出现在毛巾底下，就像我们看到魔术师从帽子里抓出一只兔子一样，是不可思议的魔法。

事实上，婴儿只能随着年龄的增长逐渐理解物体被隐藏是怎么一回事。[15] 大约 9 个月大的时候，他们可以很容易找到毛巾下的钥匙，但是对于其他一些更复杂的隐藏游戏，他们仍然无法理解。

假设你以一个 15 个月大的孩子作为实验对象，给他展示以下事件序列。首先，你把钥匙放在手里，小心翼翼地把手握紧；然后，把手放在毛巾下面，松开手把钥匙放掉；最后，把手从毛巾下面抽出来，展开手心，让他看到你的手里现在是空的。对我们来说，结论似乎一目了然：钥匙一定在毛巾下面。

但是令人惊讶的是，之前你直接用布把钥匙盖起来时，这个孩子可以自信地找出钥匙；而这一次，他却惊慌失措、一脸茫然，似乎下巴都要惊得掉下来了。他会翻来覆去地检查你空无一物的手，好像这可恶的钥匙一定藏在你手里的某个地方。他会朝地板上看，还会无奈地耸耸肩，做出空手的动作，甚至会说“去哪儿了”或者“不见了”。他眼看着钥匙被你藏在手里，现在它却不见了，这时他不知道钥匙去了哪里。

对孩子来说，事情并没有“眼不见心不烦”那么简单。即使是最小的孩子也会把看不见的物体的某些特征放在心上。但是孩子对于物体消失后会发生什么的概念和我们成年人的概念截然不同，这意味着孩子生活在一个完全不同的宇宙中。对我们来说，那钥匙不管是以什么样的方式放在那里的，肯定就在毛巾下，这绝对是再明显不过的事了，再说钥匙还能去哪儿呢？但是这件事对孩子来讲不仅不明显，而且他们必须经过艰难的学习过程才能懂得。

孩子起初生活在一场永恒的魔术表演中，在这个世界里，物体经常会在不同的地点来回穿梭，毫无道理可言。搞清楚这些都是怎么回事是婴儿期最重要也是最困难的智力挑战之一。

追寻因果关系：事物之间如何相互影响

另一位伟大的18世纪哲学家大卫·休谟（David Hume）提出了另一个经典的哲学难题。[16] 当我们看到一个事件总是跟随另一个事件发生时，很可能会得出这样的结论：前一个事件导致了后一个事件的发生。例如，如果你发现每次只要在晚饭后喝一杯卡布奇诺，就会在凌晨3点时发现自己深深陷入了存在主义危机之中，那么你最终可能会搞明白，始作俑者是那杯咖啡而不是这个宇宙的根本虚无性。

在生活中，我们一直会做很多这样的因果推论，这些推论会对我们采取何种行动产生重大影响。比如，如果你想获得禅宗式的宁静，那大可以改喝绿茶；但是如果你想避免郊区生活带来的自满感，那可能会改在夜深人静的时候来一杯浓缩咖啡。但休谟指出，我们没有内在理由（intrinsic reason）去认为一件事导致了另一件事的发生，正如我们没有内在理由去相信他人也有心智、空间是三维的，或声音和视觉画面相关联一样。关于一件事如何导致另一件事发生，我们无法通过视觉直观看见，唯一能看见的是一件事情发生之后总是会有另一件事发生。那么我们为什么会得出是一件事导致了另一件事发生这样的结论呢？

事实证明，即使很小的婴儿也可以对事件之间的因果关系做出假设。3个月大的婴儿已经懂得了一个非常重要的因果关系：自己的行为能够对外界事件产生影响。[17] 事实上，在某些方面，我们自身行为所具备的能量是一种原始的因（primordial type of causation）。也许这就是为什么我们都相信自己拥有自由意志。就好像我们把自己主动采取行动的决定当作最基本的起因，认为自己是真正的原动力。

即使是一丁点儿大的弱不禁风的小婴儿，我们也可以人为地增强他们引起事件发生的能力。你只需一条丝带，一头系在婴儿的脚上，另一头系在一个悬挂起来的饰品上。[18] 当婴儿踢腿时，饰品就会动。即使很小的婴儿也能很快学会通过踢动系了丝带的脚来让饰品转起来。如果你在一周之后向他们展示同一个饰品，他们会立刻踢动那只系过丝带的脚。如果你给他们展示的是不同的饰品，他们是不会踢脚的。所以说，婴儿对于自己的行为如何影响世界做出了一些假设。同样重要的是，这些假设有助于他们学习关于世界运作规律的新知识。

然而，一些非常小的婴儿做出的因果关系假设看起来很奇怪。假如你当着婴儿的面把丝带从他们的脚上解下来，3 个月大的婴儿还是会继续踢脚，他们似乎期待自己的动作本身就能发挥效力。此外，即使婴儿的脚和丝带连在一起，他们除了踢脚，同时还会朝着饰品微笑并发出“咕噜咕噜”的声音，好像觉得卖萌和直截了当的行动一样有效。婴儿似乎明白，做某件事可以导致另一件事发生，但是他们还不理解，这需要通过中间的物理过程来完成。例如他们似乎并没有意识到，他们必须与物体有直接的接触才能让物体移动。

皮亚杰把类似不系着丝带也踢脚这样的行为称为魔法过程，这些过程看起来的确有某种不科学的色彩。但同时你也可以认为，鉴于婴儿的经验，这样的行为是完全合理的。非常年幼的婴儿可能只是混淆了两种不同类型的因果过程，一种是影响事物的过程，比如踢脚，另一种是影响他人的过程，比如微笑和“咕噜咕噜”地说话。

作为科学家，我们认为万事万物都离不开某种物理因果关系做的桥梁，包括我们与他人的互动。事实上，即使依靠肉眼看不到穿梭于不同人之间的光线和声波，它们也依然是存在的。然而从日常生活的角度来看，我们似乎能够在没有任何直接身体接触的情况下去影响他人。也许正是因为这一点，才有那么多人相信心灵感应。因为有时候，你只要对拥挤房间里的某个人看上一眼，就有可能引发一连串颇具戏剧性的连锁事件。我们用不着身体接触，仅仅通过沟通、说话、打手势和扮鬼脸等方式就可以对他人产生心理影响。事实上，试图在心理上操纵他人给自己办事往往会产生不良后果，甚至是违法的。心理因果关系（psychological causality）往往是我们最强大的工具。

心理因果关系对婴儿来说尤为重要，不仅因为他们无法像成人一样对事物进行操控，更重要的原因是他们必须设法让别人满足自己的大部分需求。当很小的婴儿开始试图影响外部世界时，他们可能还无法区分物理因果关系和心理因果关系，这可能会导致他们的许多行为具有明显的奇特和不理性成分。他们犯了一个错误，即试图使用心理手段去影响物理世界。即便没有身体上的接触，婴儿也可以用微笑和咕噜声引起妈妈的反应，所以他们可能认为这对悬挂的饰品也能发挥同样的效力。

事实上，大部分被成人视为奇特和非理性的思维可能同样反映出了对物理因果关系及心理因果关系的混淆。[19] 萨满巫师和魔术师通过特殊的说辞、手势动作以及精心挑选的特定服装，来影响在他们的世界里发生的事件。这看起来好像很奇怪，也很不合理，但是仔细想想就会发现，在想要影响他人的时候，我们所有人都会这样做，三分之二的人都会选择衣着打扮的方式。如果你能用言语让一个人怒火中烧，那是不是也可以用言语让人生病呢？事实上，孩子也好，成人也罢，这种类型的“魔法过程”其实都是无效的，但是对这些过程信以为真只是犯了一个错误，而并非不理性。这个错误就是混淆了心理因果关系和普通的物理因果关系两者之间的界限。

大约 1 岁时，孩子对事件起因的理解开始有了重大的变化。他们似乎已经懂得了一些心理因果关系和物理因果关系之间的差异，也更多地了解了物理因果关系是怎么一回事。他们还对事件或物体之间如何相互影响有了一些了解。

更小的孩子可以学会做出一个能够影响外部世界的行为。例如，看到一块布上面放了一个玩具，他们会将这块布朝着自己的方向拉过来。如果你把这个问题稍做修改，给孩子一个新的问题，比如将玩具挪到布条的外面，那么孩子理解的特殊性和局限性就一览无余。小孩子依然会热切地把布条拉过来，看到玩具纹丝不动时他们会大为惊讶，就像在解开连接饰品的丝带后他们依然会踢脚一样。但是即将满 1 岁的孩子就不会再犯这个错误了，他们似乎马上就能明白，物体必须在布的上面才行。他们看到玩具被挪到一边后不会去拉动布条，反而会给实验者一个坚定的“你骗小孩呢吧”的表情。[20] 对物理因果关系更深的理解意味着他们的行为不再像之前那样不可思议，而且还会更有效。这使他们能够真正去想出解决问题的对策，并使用有形的物体作为工具。

学习实验室

THE SCIENTIST IN THE CRIB

18 个月大的孩子能够理解物体之间相当复杂的相互影响方式。艾莉森和安迪首先向孩子展示了一个手臂够不到的玩具，然后又给了他们一个玩具耙子。年龄较小的孩子会径自去抓玩具，或者偶然地抓到耙子胡乱挥舞。但是在长到 18 个月大之后，他们的表现会大不一样。在试着去抓玩具若干次无果后，他们会用夹杂着央求和怨怒的眼神望着妈妈，但实验人员明令禁止妈妈提供帮助。然后他们会盯着耙子看，突然间脸上绽放出灿烂的笑容，一下子把耙子翻过来，用耙子勾住玩具，朝着自己拉过来。[21] 如果他们头顶有个灯泡的话，你会看到这只灯泡“哗啦”一下就亮了。

当然，这些孩子同时也在经历“可怕的 2 岁”阶段，所以很可能立马将这些新习得的工具知识付诸实践，他们首先想到的很可能是把所有你放在高架子上禁止他们触碰的东西全都钩下来。想来大自然还真是任性，在赋予孩子调皮捣蛋的新动机的同时，又赋予了他们有效制造麻烦的超级加强版能力。这就像是允许青少年拿驾照一样。

关于孩子能在1岁左右时理解物体如何相互影响的观点，还有其他支持的证据。你可以向孩子呈现“撞球”因果关系的经典案例：一辆玩具车向前行驶，与另一辆玩具车相撞，使得它移开。或者按照同样的序列展示这一过程，只是有一点差别：第一辆车接近了第二辆车，然后第二辆车移开，但两辆车实际上并没有接触。虽然这个序列事件与第一个非常相似，但它违反了一个基本的因果原理。通常情况下，物体都不能在彼此间存在一定距离的情况下相互作用。[22] 10个月大的孩子会花更长的时间注视第二个场景，这表明他们认识到了这个事件的反常，也表明他们能够在一定程度上理解物体如何产生相互的因果影响，虽然他们自己的行为又是另一回事。

孩子会在整个蹒跚学步期继续学习物体之间的因果关系。在3岁之前，他们就已经能够就什么原因造成什么结果给出恰当的解释了。[23] 他们会说出这样的句子：“凳子有些晃，因为凳子腿松了。”或者“钉子坏了，因为它变弯了。”到了三四岁的时候，他们就可以对简单的机械系统如何运转做出明确的预测。举个例子，你可以给三四岁的孩子展示一种由管道组成的鲁布·戈德堡机械①，球可以在管道中滚动，他们可以预测，球必须运动一定的距离才能撞到另一个球，从而使设备移动。

所以，如前所述，孩子最开始会对看不见的物体建立一些基本的认识，

---

① 指一连串设计十分复杂的联动装置，通过很多个迂回曲折、精心设计的环节最终完成一件十分简单的事情，比如倒一杯茶或者打碎一个鸡蛋等。美国漫画家、雕刻家、作者、工程师、发明家鲁布·戈德堡（Rube Goldberg）在他的漫画作品中创作出了这种机械。——译者注

继而建立更深的理解；同样的道理，孩子起初会就一个事件如何导致另一事件的发生建立基本认知，但他们最终会学到更多知识。孩子们似乎一开始会对自己如何影响世界做出一些假设，但是他们必须逐渐过渡到学习事物间如何产生各种更为复杂的相互影响这一阶段。

探索事物分类：透过表面审视内在

尝试一下向别人介绍你周围的物体，你会发现，除了人和宠物等很少的例子外，你在描述的时候都会说出这是哪种东西、归属哪一类别。比如你会说，桌子上有几朵香豌豆花插在玻璃瓶里，还有 4 美元的钞票和一杯咖啡。仅仅在讲出这些话的时候，你就已经表明桌上的这些东西与其他花、其他货币以及其他饮料存在共同点。你已经通过话语表明，这些事物属于一个特定的类别。

但这里有一个悖论，柏拉图首先阐述了这一点。所有你看到的都只是个体的物体：这朵特定的香豌豆花，这一张特定的美元钞票。这个世界上并不存在所谓的“香豌豆花属性”或“美元属性”。如此说来，既然个体本身才是我们能够实际体验的唯一对象，那么凭什么说某一个个体从属于某个不存在的神秘种属呢？柏拉图认为，唯一的答案就是还存在另一个宇宙，那里是事物的理想形式，即香豌豆花和美元等的终极属性所栖居的天堂。单个物体是这些理想形式的朦胧映射。例如，柏拉图式的爱情理应是世俗之爱所渴求的爱的理想形式，但即使是柏拉图的追随者也对此持怀疑态度。这个答案对于当代认知科学来说是无法接受的：就像物体之所以能够恒存并不是因为上帝在注视一样，种属也没法存在于天堂中。[24]

另一种可能的观点是，两个事物属于同一类别是因为两者有相似性。[25]

但是相似性是根本不可能被精确定义的，毕竟每一个香豌豆花个体都是独一无二的，这一朵是淡紫色的，那一朵更偏洋红色，这一支上有两朵花，而那一支上有三朵；而每一朵香豌豆花和每一张个体的美元钞票在某些方面也是相似的，花瓣和钞票都很薄，局部是绿色的，边缘有卷起，而且两者都会被不知足的人贪婪地盯着看。

事实上，思考得越深入，你越会觉得类别是一个复杂且特别的概念。科学家总在告诉我们，我们曾经以为属于某一类别的事物其实属于另一类别。例如鲸鱼并不是鱼，而熊猫也一直在熊科和浣熊科之间摇摆。熊猫现在似乎被重新划归到熊科了，这对于我们这些园丁来讲真是大大松了一口气，因为我们可不愿意将可爱的熊猫和任何种类的浣熊挂上钩。① 即使无法准确说出熊猫身上有哪些特征表明它是否属于熊科，但我们还是愿意相信科学家的话。大多数人似乎都认为，一个对象由于含有一些深刻但模糊的潜在本质特性或者核心特点，从属于某一类别。[26]

我们如何学习这一切？同前面讲到的物体消失和因果关系一样，分类似乎是孩子在生命最初的三年里面临的极其重要的问题之一。即使是很小的婴儿也已经可以区分不同的对象，并以某种方式对它们进行概括。我们看到，如果向婴儿展示一系列相似的事物，他们会感到无聊，但是如果给他们展示一些不同的东西，他们一下子就来了精神。这一切本身就意味着婴儿已经开始对事物进行分类了。

然而在其他方面，婴儿对于类别的理解似乎与成人并不一样。之前我们

① 在北美地区，浣熊是后院和花园的常客。然而对农场主和园丁来说，浣熊通常很不受欢迎，因为它们总是偷吃家禽、谷物和水果等。——译者注

谈到，小婴儿会追踪一个运动物体的轨迹，并能注意到共同命运原则。事实上，他们最初似乎把这个原则当作识别物体的主要方式。前面我们讲到过婴儿是如何预测物体保持运动的轨迹和速度不变的，比如一辆玩具车移动到了屏风后面，如果再次出现时它的速度和路径发生了变化，那么婴儿会回头去看屏风，似乎认为这是另外一辆玩具车，原先的那辆肯定还在屏风后面。他们认为沿着特定路径运动的物体是同一个物体。

假设有一辆蓝色玩具车从屏风的一端消失，而有一只黄色的玩具鸭子沿着相同的轨迹从屏风的另一端出现了。有一些令人惊讶的证据表明，小婴儿对这样的现象并不会产生特别的兴趣。[27] 成年人会认为出现的鸭子是一个全新的玩具，而原先的玩具还在屏风后面，但是小婴儿似乎满足于认为先前的玩具在屏风后面以某种神奇的方式变成了一个新事物。对他们来讲，围巾变鸽子这种跨越类别的魔术一点儿也不奇怪。虽然小婴儿可以区分黄色和蓝色，以及鸭子和汽车的形状差异，但是他们似乎并没有依据这些特征来识别物体。然而，当他们长到 1 岁时，我们很容易发现，在各种各样的情况下，他们看到汽车变成鸭子时都会感到很惊讶，这表明他们已经对类别有了新的认识。

学习实验室
THE SCIENTIST IN THE CRIB

婴儿的一些其他行为也表明他们对类别有了新的认识。[28] 艾莉森和安迪将几种物品混合在一起展示给婴儿看，其中包括 4 匹不同的玩具马和 4 支不同的铅笔。艾莉森把手放在桌子上，手心朝上，然后观察婴儿如何处理这些物品。9 ～ 10 个月大的孩子会拿起玩具马和铅笔玩起来，然后通常会把这些玩具放在艾莉森的手上，但它们基本都是随机放的。但是 12 个月大的孩子有时会把所有同组的物品，即所有的玩具马或所有的铅笔捡起来，放到艾莉森的手里，或者单独将它们分成一组放在桌上。在18个月大的时候，孩子们能够很系统地将物品整整齐齐地分成两组，小心地将玩具马放在艾莉森的一只手中，然后将铅笔放在她的另一只手中。

在一次实验中，一个特别严谨细致的18个月大的小女孩注意到其中一支铅笔的笔尖断了。她仔细看了看艾莉森的双手，然后把这支铅笔放到了她妈妈的手里，给这个有缺陷的特殊物体选择了一个单独的归属地。

在两三岁的时候，孩子似乎对于一个物体从属于某个类别的意义有了更深的理解。他们可以透过物体的表层外观，了解它们的一些本质特性。他们也开始明白，根据一个对象所属的类别，可以对该物体的新特征做出具体的预测。举个例子，你可以告诉一个3岁的孩子关于某个特定对象的新知识，比如指着一头犀牛说："这头犀牛的血液是热的。"如果你告诉他们另一只动物也是犀牛，那么他们就会说这只动物的血液也是热的。但如果你跟他们说这是一只恐龙，尽管你指的是跟犀牛外表十分相像的三角龙，他们也依然不会把新发现拓展到三角龙上。[29]

在一个类似的研究中，艾莉森发明了一台设备。当你把特定的积木放在这个设备上时，它就会发光；如果放的是其他外观相似的积木，设备就不会发光。然后艾莉森向2岁的孩子演示了每一块积木对这台设备产生的不同影响。最后，艾莉森拿起一块能使设备发光的积木说："这是一个blicket①。你

① 心理学词汇，表示某种具有特定属性、可触发"blicket 探测器"工作（通常为发光或者播放音乐）的物体。多用于与因果联系和知觉等主题相关的心理实验。由加州大学伯克利分校的心理学家戴维·索贝尔（David Sobel）和本书作者艾莉森·高普尼克首次提出。——译者注

能把其他 blicket 指给我看吗？”2 岁的孩子拿起了另外一块能让设备发光的积木，而不是外形与 blicket 相似的其他积木。[30]

这两项研究表明，即使是 2 岁的孩子，在某种程度上也和那些将熊猫和鲸鱼重新分类的科学家一样。他们都超越了客体的表面特征，试图发现主宰事物运行规律的更深层次的定律。

当孩子到了三四岁的时候，有相当令人信服的证据表明，他们真的能够“透过表面”去审视事物。假设你向三四岁的孩子展示一些具有自然外观的物体，如植物或岩石，然后做一个横截面，把这些东西切开让他们看看其内部的样子。孩子们会说，即便外表看上去很不一样，但是具有相同内在的事物属于同一类，具有相似外表但内在不同的物体则不属于同一类。[31]

让人大为吃惊的是，这些年幼的孩子竟然也能了解到动植物与岩石之间的不同。他们认为生物更有可能具有高度结构化的内在，而石头的内部结构基本上是千篇一律的。孩子们知道，小动物与它们的爸爸妈妈之间虽然看上去有很大差别，但它们属于同一种类。他们知道，尽管小虎仔看上去像小猫咪一样温顺，但是它们与自己庞大凶猛的虎妈妈属于同一种动物，而与外表更相似的又萌又可爱的小狗完全不同。这些孩子甚至对遗传都有最基本的认知：他们知道，由奶牛喂养的小猪长大后会像它的亲生猪爸爸猪妈妈一样有弯弯的尾巴，而不会像它的奶牛养父母一样有直尾巴。这些孩子甚至还没有上过幼儿园，似乎就已经对生物学有了一些基础的理解。[32]

让奇迹发生的三个途径

我们的问题和之前一样：他们是怎么做到的？与上一章的讨论相似，这个答案就是：他们天生就懂得很多，学到的更多，而我们这些成人本身也具备教授他们的本能。

基础：物盲儿童

在上一章里，我们说到自闭症儿童似乎无法认知他人的心智。他们很难理解他人，通常也很难学会使用语言。还有一种疾病也是由基因决定的，但是更罕见，并且在某些方面呈现出与自闭症相反的情况，这种疾病就是威廉斯综合征（Williams syndrome）。[33]

威廉斯综合征患儿对他人是异常敏感的，他们有魅力、待人亲和，甚至对待陌生人也是这样。虽然一开始他们的语言发展较慢，但是最终能发展出令人惊讶的复杂而又流畅的语言表达能力，掌握相当复杂的语法。但他们理解物理世界的能力非常糟糕。在三四岁之前，他们甚至无法理解物体被隐藏这一现象，不会使用工具，也不会将物体分成不同的类别，而正常发育的孩子在婴儿期就可以做到这些。长大成人之后，他们往往无法安全穿过马路或者弄清楚回家的路。虽然他们可以滔滔不绝并相当详尽地谈论生物学和物理学现象，但所谈内容异常肤浅。患有威廉斯综合征的少年可以流利地背出100种不同种类动物的名称，包括翼龙和美洲虎，但可能无法理解简单的生物过程，比如生长、遗传和死亡。

艾莉森8岁的儿子刚刚搞清楚死亡的概念，十分痛苦，还在设法应对这一理解带来的心理后果。当听到一名访客在谈论威廉斯综合征时，他若有所思地说，有时候只能有限地理解生物学也许是一件好事。

研究威廉斯综合征儿童的人通常将这些孩子详尽而又流畅的言语表达比作鸡尾酒会上的社交谈话：这类谈话的目的是与他人建立社交联系，而不是获取对世界的更深理解。与自闭症儿童面对社交情境时的无所适从和紧张害怕相比，威廉斯综合征儿童在社交时非常自信，但是他们看待事物时无法深入到表面以下。

我们对威廉斯综合征的了解甚至比自闭症还要少。患有这种病症的孩子到底有哪些能力受到了损伤，又有哪些能力并未受到损伤，依然是谜。但是威廉斯综合征表明，人类超越事物表面获得对物理世界更深理解的能力具有某种遗传基础，至少在某种程度上，这种能力或许与我们的语言表达和社会交往能力是分离的。

学习：解释性内驱力

在上一章中我们看到，像科学家一样，婴幼儿在试图构建关于“人是怎么一回事”的理论时能够注意到反证。而在探讨他们如何建立对事物的理解时，孩子和科学家之间的其他相似之处变得尤为明显。在科学世界中，甚至在日常生活里，我们都会超越外界事物的表面，试图推断出事物更深层次的规律。我们会探寻事件潜在的隐秘起因，努力弄清事物的本质。

人类有能力做到这些，而且也需要这样去做。人类似乎具备一种想要解释事物的内驱力，和人类对食物和性的内驱力是一样的。[34]每次看到一个字谜、一个难题、一条规律提示或者一件没有道理可言的事情时，我们都会矢志不移地付出努力直至找到答案。事实上，我们有意为自己设置这样的难题，其中一些相当微不足道，比如纵横字谜、视频游戏或者侦探故事，以便将注意力从乘飞机旅行的担忧中转移开来。而作为科学家，我们可能在思考一个问题时废寝忘食，这样做的动力来源不大可能仅仅是那点儿微薄的薪水。

在孩子身上，我们看到了想要理解世界的最纯粹的内驱力。在生命的头 3 年里，人类孩子的生活里充斥着对物体进行探索和实验的渴望。

事实上，我们理所当然地把这一点看成养育孩子的过程中一个时不时令我们精疲力竭的事实。我们把房子改造成对孩子安全的样子，然后边叹气边说，孩子“永远在找事儿”。从古至今，聪明的妈妈已经发现，能让自己真正抽身做晚饭的最佳方式，就是把锅碗橱柜的门完全向孩子敞开。

从可以四处走动的时候起，人类的宝宝就一直在成人安全的怀抱和不可抗拒的探索内驱力之间艰难抉择。在公园里，似乎有一根看不见的蹦极绳将一个蹒跚学步的孩子与他的母亲连接起来：小宝宝离开妈妈的怀抱走出去探险，然后会突然惊慌地跑回庇护所，可几分钟后他又会再次出发。事实上，**我们作为成年人或许从来都不曾挣脱过这根蹦极绳，人似乎生来就在家和外面的世界、渴望舒适和厌恶无聊、安宁的家庭生活和刺激的冒险追求之间做着永恒的痛苦抉择。**

从进化的角度看，孩子的探索行为十分奇特。孩子不仅会花费巨大的精力去探索世界，而且这种探索往往会危及自己繁殖的成功率，毕竟，他们必须得平平安安地长大到进入青春期才能开始繁殖。我们似乎可以这样解释这一问题：对于人类这个物种，探索的危险被学习的益处抵消了。孩子在对世界的理解上所发生的迅速而深刻的变化似乎与他们探索和实验的方式有关。

他们通过积极地做事情来促进自己对物体消失、因果关系和类别概念的理解。

幸运的是，在物理世界中，这些概念随处可见，所以孩子可以很容易地进行实验，而且大部分情况下他们都是安全的。婴儿床、房子和后院都是绝佳的实验室。例如我们可以看到，孩子在大约 1 岁时对隐藏和寻找游戏变得非常感兴趣，甚至达到了迷恋的程度。躲猫猫游戏似乎有着永恒的吸引力，这是爸爸给孩子带来的具有不可抗拒魅力的日常惯例，从来都不会让人厌倦。

孩子也会自发地对神秘的“物体消失案件”展开独立调查。艾莉森曾经记录过一个孩子把同一枚戒指藏在一块布下面然后再找出，一连重复了 17 次，每次这个孩子都会说“不见了”。在我们的实验中，当我们用玩具作为隐藏对象时，孩子一开始往往会抗议。但是经过一两个回合后，他们常常就会自己开始藏玩具，或者把布和玩具给我们，让我们把玩具藏起来。18 个月大的孩子的注意力通常不会持续很长时间，但是这个游戏他们能持续玩上半小时。

孩子同样会被物体之间的因果关系吸引。丝带和饰品实验中的孩子过一阵子就会对饰品移动的景象失去兴趣，但是他们不会对自身拥有力量的感觉感到无聊。过一会儿之后，他们只会偶尔瞥一眼饰品，但还是会继续踢脚。随处可见的玩具“忙碌盒”（busy box）是另一种基于孩子对世界上发生的事情的迷恋而开发的玩具。到了一两岁的时候，孩子会开始比较系统地探索物体之间如何相互影响。玩具耙子实验中的孩子在进行了一两次尝试后就完全将拿到玩具这件事抛在脑后了。他们经常故意将玩具放回到远得够不着的地方，然后做各种实验，尝试如何使用耙子把玩具钩过来。相比于玩具本身，他们更感兴趣的是耙子能让玩具更靠近自己这个事实。

同样，孩子一直在探索物体的属性。六七个月大的孩子会动用自己所有可用的感官全方位地探索新物体，当然也包括味觉。到了 1 岁左右，他们会系统地改变自己针对某一物体做出的行为：他们可能会用新玩具车轻轻地撞击地板，听它发出的声音，然后尝试大声地猛烈撞击，接着尝试用它撞击柔软的沙发。等他们到了 18 个月大，如果你向他们展示一些具有意想不到属性的物品，比如一个能发出低沉"嗡嗡"声的罐子，他们就会系统地测试这个物体是否能做到其他意想不到的事情。[35] 而且正如我们前面所看到的那样，这个年龄的孩子会自发地将不同种类的物体分成不同的组。

这种对外部世界的游戏性探索实际上有助于孩子解决更大以及更深刻的消失问题、因果关系问题和分类问题。

在成为由社会所界定的一个单独领域之前，科学被称为实验哲学。当小宝宝忙着玩玩具时，那些忙着讨论房价的成人并没有意识到，他们正在见证的简直就是实验哲学的奇迹。

他人：作为老师的成人

成年人就像《圣经》里的牧羊人一样，即使他们本身没有意识到这一点，也在为这个奇迹做着贡献。[36] 当孩子大约 1 岁时，成年人开始以独特的方式与他们交谈，像体育节目解说员一样对孩子的一举一动做实况解说："看，你拿起了杯子，哦，现在你把杯子放下了！哎呀，这就对了！哦，亲爱的。"这听起来虽然没有"你个漂亮的小兔兔"那么傻，但是细想一下，其实依然有些愚蠢。因为不管怎么说，你并没有告诉孩子任何他不知道的知识。

然而这种愚蠢可能只是表面现象。我们有理由相信，这类早期语言能够帮助孩子组织世界。在上一章里，我们描述了一种自然实验，用来测试其他人对孩子理解心智有什么影响，我们将有哥哥姐姐的孩子与没有哥哥姐姐的孩子进行了比较。我们也可以做类似的自然实验，比较一下父母以不同的方式向孩子描述外部世界会对孩子产生哪些不同的影响。

实验结果显示，仅仅因为语言本身语法结构的差异，讲英语与讲韩语的父母谈论外部世界的方式就差别很大。[37] 韩语和拉丁语、法语类似，使用不同动词词尾构成的复杂体系来传达不同的意义。其结果是，讲韩语的父母在和孩子说话的时候经常把名词全部省略掉。一个韩国妈妈看到孩子把积木放进杯子里时，会用韩语说“进去了”，不用提到谁或者什么东西进去了或者进了哪里。而在英语中，为了让句子能被理解，每句话中至少要包含一个名词。此外，说英语的父母会花费大量时间向孩子指东西并说出物体的名字，比如：有一只狗！看那只小鸟！汽车！飞机！

艾莉森和一位韩国同事崔顺慈（Soonja Choi，音译）调查了讲英语的妈妈和讲韩语的妈妈对她们 18 个月大的孩子讲话的内容，发现讲英语的妈妈使用名词的数量的确超过讲韩语的妈妈，但使用的动词更少。讲英语的妈妈倾向于说出更多物体的名称，而讲韩语的妈妈更可能谈论动作。

艾莉森和崔顺慈在研究 18 个月大的孩子对外部世界的了解时发现，讲韩语和讲英语的人之间存在稳定的差异。和父母一样，讲韩语的孩子比讲英语的孩子使用的动词更多，而讲英语的孩子使用的名词更多。另外，讲韩语的孩子开始学习解决如何使用玩具耙子去够远处玩具这类问题的时间，要远远早于讲英语的孩子。然而，讲英语的孩子比讲韩语的孩子更早地开始给物体分类。例如，讲英语的孩子更有可能将玩具马和铅笔分开放成两组。这似乎表明，讲韩语的孩子更加注意自己的行为如何影响世界，而讲英语的孩子更加关注物体如何从属于不同的类别。对此最有可能的解释是，孩子会受到周围成年人讲话内容的影响，而成年人的讲话内容又受制于他们所使用的具体语言。

实际情况可能比上面描述的差异更大。许多年前，语言学家本杰明·李·沃夫（Benjamin Lee Whorf）指出，我们所使用语言的语法影响着我们的思维方式。沃夫假说很快就被科学界所诟病，但是它在大众的想象中保持了长久的吸引力。[38] 沃夫的观点是不合逻辑的。除非我们能以某种方式用母语表达一个母语中不存在的概念，否则无法知道在另一种语言中这个概念是否存在。

我们以及其他一些人最近的研究发现与沃夫的观点截然不同。讲韩语、讲英语的孩子在 2 岁时都能够理解动作和分类。然而两种语言不同的侧重点似乎让一个问题对于其中一个语言群体来说更容易解决，而另一个问题对于另外一个语言群体来说更容易解决。这就像成长在经常谈论音乐的家庭里的孩子与成长在经常谈论政治的家庭里的孩子之间的差别一样，比如安迪和帕特家就喜欢谈论音乐，艾莉森的丈夫则是一名公共广播记者。两种家庭的孩子都有理解音乐和政治的能力，但是他们自然而然对于更常听到的话题有更多了解。

有趣的是，即使一丁点儿大、刚开始咿呀学语的孩子，似乎也会受到周围人讲话内容的影响。当然，父母在和孩子说话时，就已经在完全无意识地施加这种影响了。事实上，让讲英语的父母有意识地按照讲韩语的父母的方式讲话几乎是不可能的，反之亦然。

父母的刻意行为和良好心愿并不是全部的影响因素，这是大自然的英明之处。对孩子最有力的影响都是在完全无意识的情况下施加的，比如他们在话语中听到的名词，或者兄弟姐妹无意中提供的经验教训。

孩子了解外部世界的方式似乎与他们了解他人心智的方式基本一致。他们的出发点是一些关键假设，这些假设似乎是先天固有的。同样重要的是，他们被赋予了强大的学习能力以及更加强大的学习动机。他们探索周围这个陌生物理世界的愿望，就像地球人第一次接触外星世界里的生物时一样迫切。当一个 1 岁大的孩子被放到一间新的客厅任其自由爬行时，他的眼睛里会闪现出不容置疑的光芒，他就像勇敢地来到了一个从未有人抵达过的地方一样。幸好宝宝们遇到的生命体都是善良的，这些生命体有意或无意地，一心想要将人类智慧和文明的成果带给这些无所畏惧的小小探险家们。

04 孩子如何学习语言

THE SCIENTIST IN THE CRIB

学习理解一种语言就像破译一个深度加密的代码，这个代码比任何间谍头目的密码更加令人费解。作为成年人，我们能轻松自如地使用这个代码，但孩子是从什么时候起就能毫不费力地破解这个代码的？又是如何破解的呢？

语言问题同外部世界问题一样，人们在日常生活中多半不会注意到它的存在。虽然在理论上我们知道，我们听到的是一连串的随机声响，但实际感觉就好像有思想源源不断地涌入我们的头脑。想象你的另一半走进房间对你说："你知道，那件木制家具需要用砂纸打磨。"（You know, that woodwork could use some sanding.）要理解这句话最多只需要一两秒的时间。但是就在这一两秒中你需要做一整套极其复杂的计算。

首先，你必须把这个连续的声音流分解成独立的部分并准确辨识每一个音。很小的声音差异会造成意义上的巨大出入；"你知道"和"你去"或"谁知道"的意义很不一样。之后你要把这些音串联成词汇。由于以英语为母语的普通人士掌握的单词超过 75 000 个，所以原话意义会有很多种可能性。[1]

然后，假定你知道了这些单词，还需要把它们连词成句。同细小的声音差别会造成巨大的意义差异一样，单词排列的细小差异也会导致意义的巨大不同。"你知道，这个砂纸需要木工活儿吗？"（You know, could this sand use some woodworking?）这个句子的意义和你伴侣所说的原话意义有很大不同。"约翰爱玛丽"和"玛丽爱约翰"是两码事，这是人生的无奈。

接下来你需要理解每一个单词的微妙含义。你要知道这个句子中的“sand”一词指的是“打磨”这个动作，而不是沙滩上的沙子，而“你知道”指的并不是你懂得的知识。

最后，你需要理解这句话背后的意图。这是你的另一半在责怪你只顾看书而没有做家务，还是在告诉你她打算接下来花几小时打磨那件家具，所以你得换一个更安静的地方去读书呢？所有这一切你都在一瞬间就理解了，根本不需要刻意付出努力。

魔术表演能让我们意识到，原来生活中有那么多事是我们习以为常的，同样的道理，出国旅行能让我们意识到我们对语言有多么习以为常。你不费吹灰之力就能理解伴侣的话并做出回应，但如果你的伴侣讲的是一门外语，那么你就会感到茫然不解。

电影《第三人》（*The Third Man*）很精彩的一个方面就在于饰演战后维也纳居民的演员实际上在讲德语，这些片段没有翻译也没有字幕。看电影时你完全能够体会到影片中无辜的美国英雄约瑟夫·科顿（Joseph Cotten）所体会到的那种一头雾水、找不着北的感觉。不需要更多的烘托，只是听着那些无疑十分重要的句子被人用完全陌生的语言讲出来，甚至不用奥森·威尔斯（Orson Welles）饰演的角色从背景中布满弹孔的巴洛克式雕塑后现身，我们就焦躁不安了，因为我们完全不知道发生了什么。你不仅不知道这些词语是什么意思，甚至连说了哪些词语、发出了哪些音或者每个音之间的分界点在哪里都完全搞不清楚。所有人的讲话速度似乎都是飞快的。而孩子语言学习的起点就与此类似。事实上，孩子面临的情况比约瑟夫·科顿还要糟糕，因为孩子没有办法选择其他语言来表达自己的迷惑。

计算机破译不了的声音编码

学习理解一种语言就像破译一个深度加密的代码。我们不知道从几岁开始就能毫不费力地破解这个代码了，而作为成年人，我们能轻松自如地使用这个代码。但事实证明，这个代码比任何间谍头目的密码更加令人费解。[2] 至今还没有计算机可以把这个代码弄清楚。

当人们评论《星际迷航》里的各种科学无法做到的事情，比如光速和时间曲速引擎，甚至全像甲板和复制机时，很少提到一个看似很小的技术细节。在《星际迷航》中，人可以和飞船上的计算机交谈，而计算机能够听懂人的语言，人们甚至可以跟飞船的舱门对话。[3] 这种技术也许不像曲速引擎那样遥不可及，但也绝非近在咫尺。今天，世界各地的计算机软件公司都在努力研发可以理解人类口语的机器。在过去 50 年中，各家公司和各国政府在语音识别技术领域投资了数十亿美元，但直至今日世界上还没有一台计算机能够完全解决语言问题。我们电梯和浴室里的秤能够发出一些可以理解但有些恼人的不自然语音，但没有一台计算机可以做到每一个 3 岁小孩都能做到的事情：理解对话。

对于非科学家而言，即便是那些投入了数十亿美元的投资人，也很难明白为什么这个问题有那么难。1991 年，帕特在参加完一次会议回家的途中，苦于飞行中的疲惫，她一屁股倒在了自己的座位上。当时，她旁边有一个背着背包的年轻人，这个年轻人竟然是她的西雅图老乡、当时的微软 CEO 比尔·盖茨。帕特花了 4 小时回答盖茨的问题：为什么他的计算机很难理解言语。[4] 当时，微软和其他计算机公司正在努力尝试将计算机用户从键盘上解放出来。但科学可以告诉他们的主要是解决这个问题为何如此艰难，而不是如何解决这个问题。

与外部世界问题和他心问题一样，这个问题的核心是，实际到达耳朵的声波与我们在脑海中形成的声音和言语之间存在着神秘的差距。我们可以制作一种声音的图像，即声谱图。[5] 声谱图可以显示声波的实际物理特性，包括声音的音调、音高和频率。正如我们必须将视网膜上的二维光线模式转化为我们感知到的三维物体一样，我们也必须将这种声音模式转化为语言。两种转化过程的跨度一样巨大。

通过比较声谱图和我们感知到的话语，一些问题开始变得显而易见。首先，人类语言的声音并不像串在一条线上彼此堆叠的珠子，声谱图中的声音之间没有间隙或停顿。相反，声音是连续的，我们必须将它们分成一个个小单元。其次，所有的声音都是不一样的，因为每个人嘴巴的大小和形状都是不同的，因此即使是像“啊”这样简单的声音听起来也会有所不同，因人而异。而当我们用更快或更慢的语速说话的时候，声波又发生了变化，这也是我们在真实交流中经常会遇到的事情。此外，每次当 /b/ 或 /d/ 等辅音放在不同的元音前面时，声音就会发生变化。单词“dude”和“deed”开头的“d”发音差别很大，导致“dude”中“d”的声谱图看上去更像“g”，而不像“deed”中的“d”。[6]

最后也是最复杂的一点是，讲不同语言的人听到的声音是完全不同的。对于声谱图一样的同一个声音，讲日语的人和讲英语的人听到的是不同的声音。两个物理上不相同的声音可能在讲日语的人听来是相同的，而在讲英语的人听来完全不同，比如 /r/ 和 /l/。你不仅必须像将二维视网膜图像转换成三维世界的过程一样，弄清楚如何将感觉转化成表征，还必须针对每一种不同的语言做不同的转化。[7]

3 岁大的孩子已经解决了所有这些问题。他们能够辨认出“d”的发音，不管是爸爸讲的还是妈妈讲的，不管这个音在“deed”中还是在“dude”中，无论是快速低语还是缓缓吟唱，他们都可以在英语中做出正确的区分。能够做一些语音识别的计算机系统根本不能与 3 岁孩子相提并论。之前我们提到过，大多数英语人士掌握的词汇超过 75 000 个。如果把语音的识别范围限制在 10 位电话号码或者美国城市名称之内，那么计算机语音识别可以很好地运作。但是真正的对话不可能仅仅局限在 10 个单词，甚至 1 000 个单词之内。

计算机面临的最大问题之一是将语音切分成独立的单位进行分析。早期的计算机程序解决这一问题的方法是让讲话人每说一个字都停顿一下。[8] 使用这种语音识别技术的人必须用很慢的速度说话，每、说、一、个、字、都、要、暂、停、一、秒，很是烦人。为了解决不同声音的问题，计算机程序被设置为只能识别某一个人的声音，针对不同的用户必须重新编程。同样的道理，计算机程序将“deed”和“dude”中的“d”音当成了完全不同的音，做分别处理。1998 年，第一个用于听写的连续语音识别软件出现了，但是它依然需要对每个用户进行单独培训，并且对词汇使用也有限制。[9]

电影《星际迷航》里的计算机可以用舒缓甚至有些冷漠的声音准确回答你所有的问题，对于这个话题的讨论暂时告一段落。等有一天所有现实中的计算机都能理解诸如“启用规避机动阿尔法西塔，听我命令向罗慕伦战舰发射光子鱼雷”这样的话语时，估计《星际迷航》里的“进取号”飞船已经发展到无形的能量粒子模式了。

语言如何建构意义

为了从传入耳中的声音里辨识出话语，所有这些复杂的声音代码破解过程都是必要的。作为理解语言的步骤之一，破解声音代码是我们不费吹灰之力在瞬间就能完成的，所以我们一开始很难意识到这个问题的存在。科学家也是近年来才开始研究这个问题的。理解语言的下一个步骤是从话语到意义的理解，这一步骤看上去显然更加困难。对于语言如何承载意义的问题，哲学家已经思考了几千年。

我们甚至会觉得我们使用的语言与外部世界之间存在一条魔法纽带。只需要说出一个词，顷刻之间你便和这个词所指代的事物建立了联系，不论这个事物有多么遥远和陌生。许多文化和宗教中普遍存在一种共识：字词是有魔力的，知晓一个事物的真名能给予你驾驭它的力量。

但是细想一下，我们的日常语言也拥有同样神秘的强大力量。想一想你在阅读本书时所发生的事：你只是将目光投射到一堆看似随意的印刷符号上，然而刹那间，你和千里之外的三个人建立了心灵联系。这些文字带你来到一个从未见过的实验室，见到了一些早已长大成人的孩子。每一个小说读者、写信的人或者上网的人都知道，文字不仅可以带你去其他世界，也可以带你创造自己的世界。不需要念什么咒语，一句“很久很久以前……”就可以让我们瞬间穿越时空。文字怎么能以这种方式超越所有时间、空间和可能性的限制呢？人类又是如何学会驾驭这种力量的呢？

大约两千年前，圣奥古斯丁（Saint Augustine）给出了自己的答案。[10] 这或许是最明显的答案：当我们还是孩子的时候，我们一边听到父母说话，一边看到他们指向一些物体，于是我们将听到的词汇和他们指向的事物关联起来。但是思考越深入，你就越会发现这个答案不合理。

几个世纪以来，其他哲学家已经向我们展示了这个问题的复杂性。伯特兰·罗素（Bertrand Russell）表明，意义超越了我们所指向的事物。[11] 我们如何学习所指之物并不存在的词语，比如“独角兽”？我们如何学习未指代任何事物的词语，比如动词、形容词和介词？

路德维希·维特根斯坦（Ludwig Wittgenstein）提出了一系列其他问题。[12] 除了明白词语指代的事物外，我们如何了解说话者想要我们做什么呢？毕竟单单弄明白指向本身的意思也需要我们对做出指向动作的人的意图有所了解。你必须知道，这个伸出食指的动作，是为了突出待命名物体，而不是表达诅咒、祝福或其他意思。

哲学家威拉德·奎因（Willard Quine）提出了另一系列问题。[13] 我们如何知道一个名称所指代的是某人指向的物体，而不是这个物体连带其周围的一小部分空间，也不是这个物体的一部分呢？计算机依然无法解决声音解码的问题，而且要让计算机解决以上问题，路途更加遥远。

学校里学不到的语法

除了解码声音和意义的挑战之外，我们还面临另外一系列的问题。20 世纪 60 年代，诺姆·乔姆斯基（Noam Chomsky）提出了一整套全新的问题，早些时候人们对这些问题并没有给予太多关注。我们如何组合词语来造出新句子？我们听到的几乎所有句子都是全新的，但是我们可以毫无困难地理解它们。即使我们知道单个词的意思，但是不同的排列方式可能导致不同的含义。乔姆斯基对这个问题的回答开辟了一个新的领域——现代语言学，也创造了一种思考陈旧语法观点的新方法。[14]

我们在学校学习的传统语法，就是在告诉你某一种语言的讲话人实际做了什么，或者陈述讲话人应该做什么。乔姆斯基认为，懂得一门语言包括掌握一系列无意识的规则，但是这些规则与传统语法的规则不同。这些规则不像交通规则、反垄断法或陈旧的小学语法书那样是社会所强加的。相反，它们是自然且无意识的规则，就像我们将视觉信息转换成对物体的表征时所使用的规则一样。它们更像万有引力定律，而不像土地法或英语教师法。

乔姆斯基对语言问题的解决方案和当代对外部世界问题和他心问题的解决方案一样。我们天生就能接受声音序列并将其转换成意义的表征，就像我们生来就能接收感觉信息并将其转换成物体表征、接收面部表情信息并将其转换成情感表征一样。我们身上具备一套隐含的规则，允许我们将听到的声音序列转换成思想序列。

我们实际上非常了解该表征系统的某些部分如何运作。例如，我们很了解如何将听到的声音转化成有意义的单元，比如词语，但我们的所知依然不足以让我们通过计算机程序做到这一点。对于如何将单词组合成句子我们有了一定的了解，但还没有做到乔姆斯基最初所希望的那样深入。这个问题的其他部分仍然神秘莫测，尤其是话语如何能够指代外部世界以及意义是如何建构的问题，不论对于现代语言学家来说，还是对圣奥古斯丁来说，几乎都是同等神秘的。

我们假定这个系统是通过进化形成的，而且必然是人类特有的。[15] 也许语言最明显的优势在于它可以让我们与团体中的其他人进行沟通并且协调行动。但是，语言还有其他不太明显但同样独特的优点。讲不同的语言将我们与他人区分开来，这是知晓谁是团体的一分子、谁是局外人的绝佳方式之一，确保信息不被敌人获取和与朋友分享信息几乎是同等重要的。语言的发展很可能与同样独特的学习人与物的能力的发展相关联，它使我们能够利用前人已有的关于世界的所有发现。我们之所以能比其他物种看得更远，是因为我们站在了父母的肩膀上，至少在小宝宝眼里，爸爸妈妈就是巨人。

乔姆斯基的解决方案提出了更深层次的发展问题：这个语言系统来自哪里？[16] 在没有任何有意识的努力和教学的情况下，孩子到幼儿园阶段几乎已经掌握了母语中的所有复杂问题，他们是如何做到的呢？发展科学对这一问题给出的答案要点如今应该已经为人们所熟知了。

婴儿一出生就对语言有很多了解。他们还具备强大的学习程序，能够在此基础上增加知识，特别是学习自己所处社会语言的所有细节和独特之处。此外，成人在婴儿的语言学习中也发挥着特别重要的作用。

用科学做类比可以很好地解释婴儿如何解决他心问题和外部世界问题。一个充满着物体和心智的世界的确是存在的。婴儿建构关于这个世界的理论，但如果有新的证据出现，这些理论总是可以修改的。然而，对于语言问题来讲，却完全是另外一回事。其核心并不是发现一个独立存在的现实，而是在你所做之事和他人所做之事之间建立协调关系。独立于人们所讲的话的抽象“语言”是不存在的。我们可以并且确实已经发现，在关于世界或他人的某些重要方面，我们存在错误的认识。但是我们不可能研究发现所有人的英语都讲错了，英语只是我们的语言工具而已。所以，婴儿的语言问题不能等同于科学家的问题——即搞清楚世界的真实面貌是什么。语言问题是一个社会学甚至是人类学的问题：搞清楚人们都在做什么，以及学习如何自己去做。其他人的榜样作用至关重要。

这个问题很困难，因为不同的社会使用不同的语言，有时候是截然不同种类的语言。[17] 婴儿事先并不会知道自己将要接触哪种语言。理论上讲，他们必须做好掌握数千种不同语言中的任何一种的准备。然而，孩子长到四五岁时，就已经确切地知道自己所在的环境使用的是哪种语言了。

成人既是教师也是教学内容。他们所说的话语是揭示一门语言样貌的唯一来源。对于孩子来说，自己的任务不仅仅是了解成人的语言，还要将这门语言据为己有。

孩子生来就是“世界公民”

孩子从什么时候开始学习语言？对于这个问题，几乎所有人都会说学习始于婴儿说出第一个词语的时候。但是，新的技术带来了惊人的发现，这些技术致力于研究婴儿已经具备了哪些知识。**婴儿在呱呱坠地的那一刻就已经掌握了有关语言的重要知识，并且他们在学会说第一个词之前就掌握了很多关于语言的知识。**他们早期学习的大部分内容涉及语言的声音系统。学会开口讲话之前，他们已经在解码声音密码，解决了众多至今依然让计算机束手无策的问题。

我们提到，语言对声音的分割以及不同语言对声音的不同分割方式，让语言学习变得异常困难。[18] 声谱图迥异的各种声音在我们听来往往没有多大区别，而有时候声谱图相似的声音在我们听来却有天壤之别。假设我们使用语音合成器对一个声音的某个特征进行连续的渐变，并将这个处于渐变中的声音播放给人们听，比如辅音 /r/。经过连续缓慢的改变，/r/ 这个音最后变成

了 /l/。传入听者耳朵的是一连串的声音序列，紧邻的两个声音只有很细微的差别。然而听者感知到的是有人在重复发出同一个音 /r/，突然之间切换到了另外一个音 /l/，然后反复发出这个音。听者将连续的信号分割成了两个界限十分明确的类别：这个音要么是 /r/，要么是 /l/，不存在任何中间音。他们无法区分所有这些不一样的 /r/ 音，尽管这些音本身相差很远。

科学家将这种现象称为类别知觉（categorical perception），因为人们将一连串连续变化的声音识别为非此即彼的不同类别，认为不存在任何中间地带。[19]

对于每一种语言，我们通过类别知觉感知语言的方式都是独一无二的。在英语中，我们十分明确地将 /r/ 和 /l/ 两个音归为不同类别。但日本人不会这么做。事实上，讲日语的人即使很用力地去听，也听不出美国人讲 /r/ 和 /l/ 时有何区别。于是就有了日本人在点菜时把“fried rice”（炒饭）说成“flied lice”（飞行虱子）的笑话。

帕特在日本测试过日本的成年人和小婴儿能否区分 /r/ 和 /l/。她小心翼翼地把录好两个音的磁盘带到日本，在东京的实验室里使用价格不菲的雅马哈扬声器播放录音。她想，音响音质这么好，加上这些日本同事英语都很好，还是职业语音技术专家，他们肯定能将两个音区分开。听到音响开始播放“rake、rake、rake”时，帕特松了一口气，磁盘工作正常，音质完美。接着，词串变成了同样清晰的“lake、lake、lake”，帕特和她的美国助手面带微笑，热切地看着日本同事。结果他们还在憋足劲儿等着听声音什么时候发生变化，浑然不知语音已经从“rake”切换到了“lake”。帕特尝试了一遍又一遍，最后无功而返。[20]

当然，我们所有人在试图听出非母语中的语音差别时都会遇到这种情况。假设我们再次使用语音合成器将语音 /b/ 逐渐连续地改变为 /p/，邀请讲各种不同语言的人进行测试。美国人会听到两个差别鲜明的类别，即 /b/ 和 /p/。讲西班牙语和法语的人在听这些声音时也能听到两种类别的声音，但他们认为的连续变化声音流的分割节点与美国人不同。西班牙人听来像 /b/ 的音在讲英语的人听来像是 /p/。讲泰语的人能听到三个类别。

在每一种情况中，听众都会听到类别之间的巨大变化，犹如量子跃迁，不存在任何中间状态。但讲西班牙语、法语和泰语的人听到量子跃迁的节点各不相同。而英语使用者甚至都没有注意到西班牙语、法语和泰语使用者所听到的声音类别转变，就像日本人听不出从“rake”到“lake”的变化一样。这似乎表明，每种语言的使用者使用截然不同的方式将进入耳朵的实际声波转换成一组语音。

为什么讲不同语言的人听到和发出的声音有这么大的差异？全世界人的耳朵和嘴巴都是一样的，不同的是大脑。[21] 沉浸在特定语言中改变了我们的大脑，塑造了我们的思想，所以我们对声音的感知是不同的。这也反过来导致不同语言使用者发出的声音不同。那么婴儿是从什么时候开始、以什么样的方式受到这种影响的呢？在最开始，他们听声音时是不是就像计算机一样，不存在类别知觉？还是说他们已经具备了英语、日语或者俄语等特定语言的类别知觉？

学习实验室
THE SCIENTIST IN THE CRIB

我们无法直接询问婴儿认为两个声音相同还是不同，但是我们仍然有办法搞清楚。很小的婴儿可以通过吸吮与计算机相连接的特殊奶嘴来告诉我们他们听到的是什么。[22] 吸吮这种特殊的装置不会喝到奶，而是会通过一个扬声器发出声音，每次用力吸吮就会发声一下。婴儿几乎和喜欢奶一样喜欢这些声音：为了让声音持续不断，他们在一分钟内可能吸吮多达 80 次！但他们最终会放慢速度。反复听同样的声音会让他们感到厌倦。然而，当声音发生变化时，婴儿会立即振作起来，再次快速吸吮，从而听到新的声音。婴儿吸吮的变化表明，他们可以听出新的声音和之前听到的声音之间的差异。

通过这种方法，我们可以把刚才所讲的那个给成年人做的 /r/ 和 /l/ 的声音实验拿来给婴儿做。我们可以使用语音合成器为婴儿播放一个缓慢连续变化的辅音，看看他们认为哪些声音是相同的，哪些是不同的。

科学家预期，这些测试能够证明小婴儿一开始是听不到语音之间的微妙差异的，只能慢慢地学会区分那些在自己的母语中十分重要的语音，如英语中的 /r/ 和 /l/。[23] 但结果恰恰相反。在测试美国婴儿收听英语的首批测验中，1 个月大的婴儿能够区分我们播放的所有英语语音对比。此外，婴儿也表现出了类别知觉现象。和成年英语使用者一样，他们认为所有的 /r/ 音都是相同的，且不同于所有的 /l/ 音。

但是随后，科学家发现了更不可思议的现象。非洲基库尤（Kikuyu）的婴儿和墨西哥的婴儿在辨别美国英语语音方面同样优秀，丝毫不亚于对基库尤语和西班牙语的辨识。而美国婴儿在区分西班牙语语音方面同样出色，远超成年美国人。虽然这些日本尖端语音技术专家费了九牛二虎之力还是没有听出"rake"和"lake"之间的差异，但要是时光倒退四五十年，他们听起来会毫无压力。很小的婴儿能够区分不同语音之间的差异，不仅对母语如此，对所有语言都是如此，包括他们从来没有听到过的语言。不论出生于哪个国家，婴儿在辨识美国英语、非洲基库尤语、俄语、法语和汉语上同等出色。[24] 帕特还发现，与计算机不同，不管语音来源是男是女，不管声音尖细还是雄浑，婴儿都可以做出区分。[25]

在生命伊始，婴儿对语言的了解远超我们的想象。新生儿对听到的声音的理解已经远远超越了声音的物理属性，他们已经能够将声音划分成更加抽象的类别，还能够区分世界上任何一种语言中的语音差异。婴儿的确是“世界公民”。

成人科学家之所以没有预料到这一点，或许是因为我们自己的能力过于有限。比起受制于文化的父母，作为“世界公民”的婴儿显然表现更佳。

寻找一个谜题的答案往往会催生出另一个谜题。既然新生儿出生的时候像通用语言学家一样收听语音，那么他们是如何成长为受限于文化的语言专家的呢？日本的婴儿如果在美国长大会学会英语，如果在日本长大则会学会日语。日本婴儿从什么时候起开始明白：无论自己发出的是 /r/ 还是 /l/ 都不要紧，因为自己文化中的成年人根本听不出差别，而且在日语中，这一点不会使意思发生变化？美国婴儿从什么时候开始知道，西班牙语的两个 /b/ 之间的差异在英语中并不重要？大多数科学家起初认为，婴儿只有在已经学到了相当多的有意义的语言之后，才会理解一门语言中存在的这些特有区别。

学习实验室
THE SCIENTIST IN THE CRIB

为了回答这个问题，我们需要一种方法对已经在特定语言中浸润过一段时间的婴儿进行测试。许多大约 4 个月大的婴儿已经不太可能通过吸吮触发计算机播放特定声音，所以前面的方法行不通。但另一项测试对 6 ～ 12 个月大的婴儿来说效果很好。[26]

我们让婴儿坐在父母的腿上。在他们右侧，我们安排一个人通过慢速摆弄玩具来保持婴儿的兴趣，比如晃动一个塑料蜘蛛玩具，把一个玩具马驹颠倒过来，或是其他在视觉上能引起婴儿兴趣的事情。在婴儿的左边有一个扬声器，上面放了一个黑色的盒子。扬声器里重复播放类似“呜呜呜”的声音。每隔一段时间，声音就会变成“咿咿咿”。当婴儿听到声音变化时，他们的注意力往往会从那个有趣的人身上分开，回头去看扬声器。当他们回头看时，扬声器顶部的黑盒子会发光。在盒子里面，有一头熊在跳舞，或者一只猴子在敲鼓，以逗婴儿开心。然后盒子上的灯会熄灭，婴儿随即重新把头转向右手边那个有趣的人。

婴儿很快就会发现，如果他们在声音变化的时候把头转向扬声器，就会看到一些十分有趣的东西。通过他们是否转头，我们就能够得知他们是否听到了声音的变化。

帕特去日本测试日本成人能否分辨美国英语中的 /r/ 和 /l/ 发音时，同时也对婴儿进行了测试。7 个月大的日本婴儿和美国婴儿区分 /r/ 和 /l/ 发音的表现一样好。但仅仅 3 个月后，两组婴儿的表现差异就变得泾渭分明。在 10 个月大以后，日本的婴儿就再也听不出从 /r/ 到 /l/ 的变化了。美国的婴儿不但可以区分，而且表现得比以前更加出色了。之前针对在英语家庭中抚养的婴儿进行的研究也有类似的结果。该研究表明，6 个月大的加拿大婴儿能够区分加拿大成人无法区分的印地语语音。但到了 12 个月大时，加拿大的婴儿就无法再做到这一点了。

在我们说话的时候，婴儿正忙着将听到的声音按照他们母语中的语音类别进行正确分类。到 1 岁时，孩子的语音类别开始变得与同一文化中的成年人相似。帕特使用简单的元音对瑞典婴儿开展了一些更复杂的实验，观察他们从多早开始以成年人的方式组织自己语言的声音。她发现，从婴儿6个月大时起，这个过程就已经开始了。**6～12个月这段时间似乎是声音组织的关键时期。**

那么6～12个月这段时间婴儿身上可能发生了些什么呢？[27]我们可以通过帕特所谓的原型声音（prototypical sound）来考量这个问题。[28]在听到各种英文中的/r/后，婴儿会形成/r/的一个抽象表征，即/r/的原型，并存储在记忆中。当我们想要识别一个新的音时，似乎会在无意识中将新声音与所有存储在记忆中的母语原型进行比较，并挑选出整体上最匹配的那个音。当我们无意识地这么做时，其实把听到的声音进行了扭曲，让它听上去更像保存在我们记忆中的原型，而不是传入我们耳朵的实际声音。

这类似于向大家展示一张司空见惯的画，比如一座房子，然后让他们凭记忆把这幅画临摹出来。即使你展示给他们的房子房顶没有烟囱，很多人还是会不自觉地将烟囱画上去。一旦他们把这幅画编码成房子，就会扭曲记忆，使之更像他们所认为的房子的原型。我们可以通过做一些复杂的分析来展现语音原型都有哪些，并了解我们是如何通过歪曲所听到的声音来适应它们的。我们的语音原型会依照母语对声音进行“过滤”，使得我们丧失听懂其他语言中的读音差别的能力。[29]帕特的实验表明，婴儿的语音原型在6～12个月间逐渐开始形成。

这件事并不仅仅是小婴儿一开始具备一项能力后来又丧失了这么简单。在生命的头几个月，婴儿组织声音的方式发生了彻底的变化。1岁之前，婴儿已经开始把混乱的声音世界组织成一个复杂而连贯的结构，这个结构专属于他们所讲的特定语言。我们过去以为婴儿首先学会词语，并通过这些单词明确哪些声音对他们的语言来说至关重要。但是这项研究彻底逆转了这一观点。

婴儿首先掌握的是母语的发音，这样他们在学习词汇时就更加容易了。

当孩子约 1 岁大时，他们从声音的学习转向了词汇的学习。词汇嵌入在连绵不断的语音流中，要将它们剥离出来并不容易。一个计算机还没有解决的问题正是，如何在预先不知道这些对象是词汇的情况下辨识这些对象。试试看，找出下面这个字符串中的单词：theredonateakettleoftenchips。这个字符串包含许多不同的单词："The red on a teakettle often chips"（烧水壶上的红色通常会剥落），或者"There, Don ate a kettle of ten chips"（看，唐吃掉了一锅 10 根薯条），等等。当然，在书面语中，词语之间通常都有空格。但在口语中，词语之间实际上没有任何停顿。这就是为什么外语听起来如此之快而且连绵不断，这一点也使得计算机很难解决语言问题。[30]

婴儿在学习词汇之前，似乎已经学会了一些母语中词汇的一般规则。[31] 例如，在 9 个月大时，他们已经明白，英语单词的重音呈现特定的规律：像 BASEball（棒球）或 POPcorn（爆米花）这样重音落在第一音节的单词比 surPRISE（惊喜）这样重音落在最后一个音节的单词更为常见。在其他一些语言中，情况正好相反：第一个音节重读比最后一个音节重读的情况更少见。到 9 个月大的时候，婴儿已经把这些规律都参透了。虽然这个年龄的孩子还不理解词语的意思，但美国的婴儿喜欢听具有美国发音模式的词语，而其他国家的婴儿喜欢听各自语言中的典型词语。

在婴儿掌握了母语中所有可能的发音后，他们开始了解哪些音的组合是可能的。例如，在英语中，"zb"两个音的组合是不可能存在的，所有英语单词都不包含这样的组合。但是在波兰语中，这种组合是可能的。卡特总统的国家安全顾问兹比格涅夫·布热津斯基（Zbigniew Brzezinski）永远不可能成为总统，因为首先，几乎没有哪个美国人能念出他的名字。到9个月大时，婴儿表现出更喜欢听母语中可能存在的声音组合的喜好，即使这些声音组合不能在语言中形成真正的词语，而只是潜在的词语。9个月大的美国婴儿遇到像“Zbigniew”这样的词语已经开始犯难了，而9个月大的波兰婴儿则认为这不是问题。虽然你不知道词语的具体意思，但是知道自己的语言中哪些词可能存在，有助于你开始将连续的语音流拆分成单词。如果你是美国人，就已经可以排除掉含有“zb”组合或者重音模式错误的字符串了。

里程碑时刻：首次发声

婴儿在开口说话之前的很长时间里已经在学习语音了，但是父母注意到的最多的当然是孩子实际上说的是什么。无论婴儿出生在巴黎、津巴布韦、柏林还是莫斯科，他们在差不多3个月大时就都开始发出“咕噜咕噜”的声音。当父母与他们面对面微笑着说话时，他们就会轻声发出愉快的“噢”和“啊”的声音。婴儿似乎本能地懂得人在进行这种交流时是需要按次序轮流发声的。他们“咕噜”一声，然后轮到我们“咕噜”，这样我们和孩子们便进行了第一次对话。婴儿已经懂得对话是怎样进行的了。

不久之后，在七八个月大的时候，婴儿开始咿呀学语。[32] 他们开始发出一连串的辅音与元音的组合音，比如“哒哒哒”或“叭叭叭”的声音。不同文化中的婴儿最初以相同的方式咿呀学语，使用比如 /b/、/d/、/m/ 和 /g/ 与元音“ah”发出辅音和元音的组合音。

帕特和安迪依然很真切地记得他们的女儿凯瑟琳第一次咿呀说话时的情形。身为语音专家的帕特等了几个月，就等孩子开始咿咿呀呀的那一刻。她甚至还准备好了录音设备，希望能用磁带捕捉到这一刻。一天早上，帕特用推车推着凯瑟琳出去散步，在当地的星巴克停下来喝杯拿铁，毕竟西雅图是一座泡在咖啡里的城市。帕特点单的时候，凯瑟琳对着排成长队的顾客开心地发出“咕噜咕噜”的声音，突然冷不丁冒出一声“吧吧吧”。帕特呆住不动等着再听一遍，还请收银员和星巴克的其他常客们帮忙确认。就在顾客们竖起耳朵准备听的时候，凯瑟琳开始继续开心地“吧吧吧”。就像世界上所有的婴儿一样，她就像时钟一样准时开始咿呀学语了。

一旦孩子达到了咿呀学语这一具有里程碑意义的阶段，语言产出的普遍阶段就结束了。来自不同文化、学习不同语言的孩子，在1岁和1.5岁之间开始发出自己所在社会所特有的声音。这时候，中国的婴儿开始以一种听起来像中文的方式咿咿呀呀发声，像中国成年人说话那样，使用非常迅速的音调变化。瑞典的婴儿咿呀学语的声音听上去则是很独特的瑞典语的方式，他们使用瑞典成年人所使用的典型升调模式，他们听起来有点儿像《大青蛙布偶秀》（*The Muppet Show*）里的瑞典厨师。

最先说出的可不只有“爸爸”“妈妈”

到目前为止，我们探讨了孩子如何逐渐理解他们所听到的语言的声音系统。这个问题看似简单，其实非常复杂。在婴儿期，他们都在为此付出艰苦的努力。但是我们并没有真正触及大多数人所认为的语言的核心问题——学习词汇的含义。

不知你是否记得，圣奥古斯丁认为这个问题的答案很简单：孩子们看到事物，听父母说出它们的名称，然后在事物和名称之间建立关联。这个说法非常直观。问一问普通的孩子、家长甚至很多心理学家：婴儿什么时候开始说话？他们会告诉你婴儿从什么时候开始第一次叫出事物的名称。通常情况下，在为人父母强大的自我驱使下，父母们会说孩子第一次说出的词语是“Mama”（妈妈）和“Dada”（爸爸）。事实证明，在各种差异相当大的语言中，婴儿关于母亲和父亲称呼的“儿语”都极其相似。除了“mama”和“dada”，还有“mali”和“tata”。当然，这些称呼的发音恰巧是婴儿在咿呀学语时很可能自发发出的声音。所以，目前尚不能完全确定，究竟是因为父母自称“mama”和“dada”所以婴儿才会这么叫，还是说因为婴儿这么叫了，所以父母们才自称“mama”和“dada”的。[33]

虽然哲学家、心理学家和父母都确信他们知道婴儿是怎么开始说话的，但是在 20 世纪 70 年代之前，从来没有人就这件事咨询过作为当事人的婴儿。随着录像带的出现，人们可以直观地看到孩子们说了什么以及是在什么时候说的。研究结果出乎人们的意料。婴儿的确会说“mama”和“dada”，这说明父母们并不完全是在自欺欺人，但婴儿也会说“果汁”（juice）、“球”（ball）和“狗狗”（doggie），还说了很多其他词，而成人们并没有注意到。他们之所以没有注意到，也许是因为婴儿使用的词汇十分不同寻常。在最早学会的一批词语中，婴儿会反复说“不见了”（gone）、“瞧”（there）、“啊哦”（uh-oh）及“那是什么”（what's that）这些词语。婴儿为什么会用这些相当奇怪的词语？这些词语对婴儿意味着什么？

艾莉森对这一问题展开了研究。她曾前往牛津大学学习哲学，但是她对语言是如何开启的这一问题更感兴趣，所以每周都会花很多时间在牛津北部别墅通风良好的大房间里观察婴儿。这些大房子虽然被划分成了公寓，但是当年刘易斯·卡罗尔[①] 向利德尔院长（Dean Liddell）的女儿们讲述漫游仙境故事时的氛围依然可以感受得到。

牛津依然灰暗、潮湿、阴沉，到处是优雅、阴冷的建筑和面孔。其中最优雅、阴冷的地方当属逻辑巷（Logic Lane），哲学课的开设地点就在这里。牛津也依然有灯火通明的房间，可以看到屋子里满是头发红得发亮的学步儿聚集在盛放着奶油蛋糕和奶茶的桌子旁边。这里也有带铁门的小庭院花园，很多脸蛋粉嘟嘟的 3 岁小孩在这里玩皮球。这些孩子对年轻的美国女哲学家艾莉森的影响和一百年前对资深单身汉兼逻辑学家刘易斯·卡罗尔的影响是一样的。与逻辑巷中那些给人带来莫名胁迫感的怪人们相比，这些孩子形成了一道清新而温暖的风景。然而与此同时，隐秘的儿童世界也有其自身的神秘感和陌生感，但相比于外面世界中司空见惯的疯狂，这种陌生感往往更加易于理解。

虽然从表面上看，婴儿的语言似乎比逻辑巷里那帮人写下的令人费解的长篇大论要简单得多，但是婴儿的语言本身也很独特。婴儿所使用的这些词汇有什么含义？我们的首次猜测几乎总是错误的。例如，这些婴儿最常用的词语之一就是“不见了”。当父母注意到孩子使用这个词语时，他们以为这个词跟吃完食物有关。但实际情况是，婴儿很少以这种方式使用这个词。在一盘录像带里，一个名叫亨利的特别天真可爱的 18 个月大的孩子在下面的几种情形中都说了“不见了”：连续 7 次把正面沾了红糖的一小片蜡纸反扣过来让红糖看不见，一页页翻阅绘本让书上的每一个小动物都看不见，一连 12 次把

---

① 刘易斯·卡罗尔（Lewis Carroll，1832—1898），英国著名数学家、逻辑学家、童话作家、牧师以及摄影师。他的代表作《爱丽丝梦游仙境》最初为卡罗尔向利德尔院长的三个女儿即兴编造的故事，主角原型是三姐妹中 7 岁的爱丽丝·利德尔（Alice Liddell），在其要求下这个故事被写了下来，后来通过进一步加工润色以《爱丽丝梦游仙境》为名正式出版。——译者注

一枚戒指藏在艾莉森的裙子边缘，连续 7 次将一块积木放在玩具箱里，以及哀求着要去找去了邻居家的妈妈，就好像电影《弃儿的故事》(*The Kid*) 中扮演弃儿的杰基·库根（Jackie Coogan）那样，叫嚷着“妈妈不见了”。

事实证明，“不见了”与食物没有多大关系，也与成年人使用“不见了”这个词语的方式不一样。相反，亨利以及艾莉森研究的其他孩子用“不见了”来描述物体从视野中消失的各种方式。他们看不见某个事物了，但是知道这个事物依然在那里，于是用“不见了”这个词来表达这一事实。

艾莉森发现，还有其他一些词与“不见了”有同样的功能。例如，婴儿常常用一个词来表明他们做一件事是成功了还是失败了。美国的婴儿用“瞧”表示成功，用“啊哦”形容失败，而牛津别墅里的婴儿形容失败用的是更加文雅的“哦天哪”(oh dear)，不过有一个英国的小宝宝确实说了一句“哦该死”(oh bugger)，虽然说得很快，但是清晰可辨。大多数父母根本没有把“啊哦”当作一个词，更不用说是一个重要的词了。但这个词是美国和英国婴儿最开始学会使用的词汇中的一个。我们后来发现，韩国和法国的婴儿也有谈论成功和失败的专属词语，1 岁的法国孩子在用积木晃悠悠地搭建完成一座宝塔后会优雅地说出一句高卢人的“voilà！”①[34]

甚至婴儿早期叫出的称呼也比圣奥古斯丁或者父母认为的更复杂。一位父亲在听到孩子喊他“爸爸”时心花怒放，但是在听到宝宝同样兴高采烈地对着自己最好的朋友喊出“爸爸”时，他心里可能会凉了一截。紧接着宝宝可能对着一位邮递员喊“爸爸”，然后是电视修理工。[35] 或许这位父亲在看到家庭宠物遭受着同样的命运时心里会好受一些：任何动物，从食蚁兽到斑

---

① 法语，意思是“瞧！”“好啦！”——译者注

马，孩子都会把它们叫作“狗狗”。一位语言学家报告称，她的女儿谈到月亮时会用“月亮”这个词，但是在讲到电灯、橘子以及剪落在地的月牙形指甲时也会说“月亮”。

正如婴儿将“啊哦”和“不见了”拓展到了新情形一样，他们把早期叫出的名称也进行了范围拓展。他们将听到的语言运用到对他们来说很重要的概念上，试图以此理解语言。即使成人不会那样去使用这些词汇，孩子也会这样做，这种使用词语的方式对他们自己来说是有意义的。

最开始，孩子们只会用几个名称，大部分是关于熟悉的事物和人的。但是在他们开始讲话的时候，很多孩子会突然开始试图说出一切事物的名称，并询问看到的每一个事物的名称。[36] 事实上，“那是什么”（what's that）通常本身就是婴儿最早说出的句子。一个 18 个月大的孩子会迎来一个指向和命名的狂热期：“那是什么！小狗！那是什么！时钟！那是什么？果汁、勺子、橙子、高脚椅、时钟！时钟！时钟！”通常在这种情况下，即使是最细心有爱的父母也数不过来小宝宝究竟学会了多少新词。婴儿似乎突然发现了一切事物都有名字，这一发现触发了一次命名大爆发。

学习实验室
THE SCIENTIST IN THE CRIB

我们可以通过实验表明，儿童在这一阶段掌握了学习新词汇的新方法。你可以给孩子一个没有意义的新词汇，用来给一样新事物命名，例如你可以指着一个自动苹果去皮器说：“看，一个 dax！”这个词将会永远成为孩子词汇表中的一部分。几个星期甚至几个月之后，他仍会正确地认出“dax”。只需要一个直观的例子，孩子就会将这个词语永久内化，有时候这也会带来相当尴尬的后果。这个过程称作快速映射（fast mapping）。[37] 这些孩子似乎不假思索地认为他们听到的新名词就是他们看到的新物体的名字。儿童开始快速映射的时间和命名大爆发发生的时间大致相同。

语言学习既是一种习得也是一种创造。[38]婴儿并不是简简单单接受名称和事物之间的关联，或者模仿成人使用的词语。相反，他们积极地重组语言以适应自己的目的。

如果需要一个词来表达“消失”或“失败”，他们会愉快地说出“全都不见了”“啊哦”甚至“哦该死”。如果需要一个词表示所有动物，他们会用“狗狗”来指代。

如果你能够对他人想要表达的意思做出假设，那么这也会对你理解他们所讲的话大有帮助。[39]实验表明，年幼的孩子能够明白他人的意图，并利用这些知识来搞清楚话语的含义。[40]这些实验同时也表明，从另一个维度来看，圣奥古斯丁的观点也是错的。

如果圣奥古斯丁是对的，那么当爸爸问“梨子在哪里”而孩子碰巧在注视一只苹果时，会发生什么情况？孩子的反应应当是被误导了，他们应该错误地以为梨子的意思就是苹果。然而即便是学步儿也不会犯这种错误。假设你让一个 18 个月大的孩子去看一样新的东西，比如一个土豆捣碎器，而他的妈妈此时正在看另外一样东西，比如一个烤肉滴油管。这时妈妈说：“看，一个 dax！”然后，把两样东西都放在孩子面前，对他说：“哪一个是 dax？”事实证明，这个孩子认为“dax”指的是他妈妈正在看的东西，而不是他在听到这个词时看到的土豆捣碎器。[41]

我们也可以将情况设置得更加复杂，比如下面的例子。假设孩子和实验者坐在一张摆满玩具的桌子旁，实验者逐个拿起玩具看一眼，然后离开房间。当他离开的时候，另外一个人把一个新玩具带到房间里，并将它放在桌上。这时实验人员返回房间大声喊道："看哪，一个 dax！"孩子会认定新的玩具就是"dax"。当然，这也是我们会做出的假设。但是细想一下，要做出这个假设其实需要很多关于他人和沟通的复杂知识。孩子似乎知道，人们谈论的对象是那些陌生的东西，而不是已经熟知的物体。这再一次证明，圣奥古斯丁所认为的孩子通过在名称和事物之间建立关联学习语言的理论是错误的。在上述实验情形中，孩子在听到新的名称时正在注视很多不同的物体，但是他将这个名称和对对方来说属于新事物的物体关联在了一起。

从外星语到连词成句

将单词拼在一起组建新的句子，表达更加复杂的意义，是语言的另一个核心部分。[42] 在 3 岁之前，孩子们也在语言问题的这个层面上下了功夫。很多以英语为母语的孩子都会经历一个阶段，在这个阶段他们开始进行两个单词的组合，前面可怜的亨利伤心地说"妈妈不见了"（mummy gone）就是一个例子。

下面两个有趣的观察结果表明，这些非常年幼的孩子已经具备了某些语法观念。首先，他们似乎认识到，在自己的母语中，只有一些词汇顺序是可能的。他们说的是"妈妈不见了"（mommy gone）而不是"不见了妈妈"（gone mommy），他们会说"更多的饼干"（more cookie）而不是"饼干更多的"（cookie more）。其次，他们已经会用不同的词序来表达不同的意思。比如"亲亲泰迪"（kiss Teddy）是指妈妈应该亲吻泰迪熊，而"泰迪亲亲"（Teddy kiss）则意味着泰迪熊要去亲吻妈妈，这无疑要说话人协助才能做到。尽管一个两岁的孩子从来没有听到过别人说这些句子，但是这些由两个单词组成的简单句子已经遵循了一定的规则。**就像创造意义一样，婴儿也会创造语法规则。**

随着年龄的增长，大多数讲英语的孩子所说的句子开始变得越来越复杂，但这些句子与成年人语言中的句子仍然有很大差别。我们都知道，两三岁的孩子拥有一种独特的“甜饼怪”[①] 式的讲话方式，当然，这正是《芝麻街》（*Sesame Street*）中的甜饼怪这样说话的原因。“甜饼怪”式的说话方式其实是相当系统的，这一点可能没有那么明显。幼儿的语言系统地省略掉了词尾，例如表示复数的“s”或者表示过去时的“ed”，像“the”和“of”这样的“语法功能”词汇也被省掉了。即使你让一个学步儿逐字重复一句成年人讲的话，这个孩子说出来的句子也会与原句很不一样。“我不要吃这些西蓝花，我想要那些饼干”（I don’t want the broccoli, I want the cookies）变成了“不要花菜，要饼干”（No want bwocwi, want cookie）。

就像孩子会自己决定所使用词语的意义一样，他们在很大程度上也是使用自己的规则和语法来编造自己的语言。但这些规则和语法是实实在在的，这一点很关键。

有些孩子学习语法的路线大为不同，尤其是弟弟妹妹们。这些孩子没有从一堆孤立的单词开始，逐渐把这些单词组合成更复杂的句子，而是采取了完全相反的方法。他们似乎先掌握了整个句子，然后把句子拆解成单独的单词。他们一开始先掌握了成年人使用的完整句子的语调模式，然后模仿这些

① 甜饼怪（cookie monster）是美国著名少儿节目《芝麻街》里的一个布偶角色，他最喜欢的事物是饼干，口头禅是“我要饼干”（Me want cookie）以及“我吃饼干”（Me eat cookie）。——译者注

语调模式咿咿呀呀说话。通常，他们听上去就像在流利地讲某种父母恰巧听不懂的外星语言，像克林贡语或瓦肯语①。有时，父母会惊讶于突然听到孩子冒出一句完整的英语句子："我想要一些饼干"（I-want-some-cookies-please），或者在孩子讲的外星克林贡语句子中听到几个可以辨识的英语单词。[43]最终，这些古怪的句子逐渐变成了英文句子。

除了学习动词和名词词尾之外，孩子还必须学习这些动词和名词词尾的详细使用规则。这并不是在单词结尾处加上一个"s"来表示复数形式这样直截了当。单词"boxes"带有 /iz/ 的发音，而"rods"带有 /z/ 的发音，还有一些特殊的名词复数形式，比如"women""children"和"sheep"。[44]

孩子会学习和创造系统性规则来处理这些变体。关于语言发展的一个早期实验研究就证明了这一点。你可以向一名学步儿展示画有一个虚构生物的图片，并告诉他说"这是一个'wug'"。然后给他看画有两个虚构生物的图片并说道："现在有两个，应该怎么说？"等长到四五岁时，孩子们会高兴地说："这是'wugs'。"但是在四五岁之前，他们做不到这一点。

反过来看，孩子所犯的错误也能表明他们正在用一种非常聪明的方式学习。学龄前的孩子经常使用"womans"和"childs"等自己发明的词汇，艾莉森的妹妹小时候提到她的大家庭曾说"All of we is childs"②。事实上，孩子们最开始对这其中的一些词汇的掌握是正确的，一个 2 岁的孩子可能会说"children"，这让成人感到又自豪又开心，但后来他又说出了自己发明出来的词语"childs"。这个"错误"实际上表明，幼儿已经学会了名词复数形式的

① 克林贡和瓦肯都是《星际迷航》系列电影和电视剧中的外星种族。——译者注

② 语法正确的句子应为：All of us are children. 意为"我们都是孩子"。——译者注

一般规则。

学习不同语言的孩子处理语法的方式甚至存在本质性差异。[45]我们看到，非常小的婴儿已经对特定语言的特定声音十分敏感。同样，即使是非常小的学步儿，似乎也已经对自己特定语言的特定语法异常敏感。

我们刚才提到，“甜饼怪”式的英文把名词和动词的词尾省略掉了，比如名词复数和动词的过去时。事实上，与其他语言相比，英语中这类词尾的使用频率并不高。所有学过法语、俄语、西班牙语、拉丁语或者几乎任意一门外语的英语母语人士都对这些语言中无止境的动词变位和词形变化闻风色变、苦不堪言。当然，其他语言的使用者也对英语中的介词和冠词感到莫名其妙、深恶痛绝。相比于英语为母语的孩子，其他语种的孩子学习和使用名词、动词词尾的时间要早得多。例如，与讲英语的孩子相比，讲韩语的孩子在早期不仅会使用更多的动词，而且即使在使用单个动词的时候也会使用正确的词尾。说法语的孩子似乎不费吹灰之力就能掌握语法性别，对于所有尝试学习法语的外国人来说，这绝对是一项令人震撼的非凡成就。

让奇迹发生的三个途径

孩子是如何做到的？人类的语言习得无疑具备遗传基础。这个事实一直是语言学界关注的焦点。但是，孩子自身必须拥有强大的学习机制，这一机制对于他们学习自己母语的特定属性尤其重要。此外，成年人似乎天生就会为婴儿的学习提供帮助。

基础：词盲儿童

正如有些遗传疾病会使人很难理解心智和世界，也存在一些遗传因素使人在理解语言方面面临困难。而这些不幸的例子再次表明，我们拥有的内在禀赋使得我们能够说话并理解他人的语言。

尽管所有正常发育的孩子都能毫不费力地用声音完成一些不可思议的事情，但并不是所有的孩子都可以做到。有些孩子听力没有任何问题，而且他们十分聪明，但是依然在学习语言上焦头烂额。我们尚不能完全确定导致这些语言学习障碍的因素是什么，但可以确定的是，这些障碍会在家族中遗传，这就把答案指向了遗传因素。

通常，只有当孩子开始学习阅读和书写时，语言问题才会变得明显。那些在掌握语音系统时遇到困难的孩子可能有机会获得足够的补偿，能够理解日常生活中的会话。毕竟在日常交流中，有很多语言之外的线索提示有助于表达说话人的意思，比如说话人的语气、语调、面部表情，还有讲话的背景。但是在阅读和书写活动中，我们必须把语言的声音系统直接转换成书面文字系统。如果没有掌握完备的声音系统，这项工作将十分艰巨。我们发现，许多患有诵读困难症的儿童，即在阅读和书写上存在困难的孩子，除了无法加工书面字词外，也很难应付语音。[46] 他们听不出 /r/ 与 /l/ 或 /b/ 与 /p/ 之间的简单区别，而我们大多数人在刚出生的时候就已经能够区分了。

有一种方法对这些孩子可能奏效，即人为地让语言的基本发音单位之间的差别更加清晰。例如，我们可以使用计算机程序改变语音，加大语音之间的差别。最近的一些研究表明，听这种经过修改的语音能够帮助患有阅读障碍的孩子提升阅读和书写能力。

有些孩子在语言的其他方面面临困难，这些困难似乎也是由遗传决定的。[47]我们已经谈到，正常发展的孩子必然能掌握“ing”和“ed”这样的词尾系统，然而有的孩子根本没有办法掌握这个系统。他们最终可能能学会词尾，但是学习的过程极其痛苦，并且只能一个一个地去掌握。如果问他们关于“wugs”的问题：“这是一个‘wug’，现在有两个，应该怎么说？”他们完全不得要领。他们对这种语言问题的反应，和自闭症儿童对情感问题的反应是一样的。如果你让他们描述一张有两只猫的图片，他们可能会这样说：“我知道……那个 s……超过一个要有 s。cat（暂停）s。”而其他人都会不假思索地说出“cats”这个词。对于其中一些案例，我们不仅知道这种病症有家族史，而且可以追踪到缺陷基因的具体位置。

学习：破解语音密码

无论语言的遗传基础多么丰富，孩子依然需要理清所学语言的所有特点，不论是日语、英语还是其他任何语言。孩子无疑具备强大的学习能力，能够从自己沉浸其中的语言中总结模式、发现规律。相比于孩子学习语言的时间节点来说，我们对上述学习机制的了解更少，但还是获得了一些认识。

在不同的语言环境中长大的孩子会在周围的话语中听到截然不同的声音。帕特估计，美国孩子平均在 6 个月大的时候已经听到过成千上万个有关元音“ee”的例子，如“baby”“daddy”“mommy”“cookie”等。[48]另一方面，这些孩子几乎从未听到过法语单词“non”词尾鼻音的例子。我们认为，婴儿从前面所有的例子中抽象出了元音“ee”的原型声音。他们无意识地弄清楚了理想的“ee”的发音应该是什么样的。

抽象提取心理原型对婴儿聆听讲话的方式以及他们发出“咕噜声”和咿呀学语的方式都有巨大影响。[49]婴儿不知不觉地将听到的声音与原型进行比较。如果听到的声音与原型有些相似，他们便会直接忽略这些差异，认为这个声音就是原型声音。所以，当不同的人，包括嗓子痛或患感冒的人跟婴儿讲话时，婴儿实际上并没有听到他们有些变形的声音，而是“抹平”了这些声音的变化，听到了说话人想要表达的意义。婴儿的表现就像听到了标准的原型声音一样。婴儿从周围的成人那里获得语音原型，转而使用这些原型来解码成人所说的话的意义，即使成人说的话含糊不清也没关系。

所以，形成原型有很大的好处。但有一个缺点是，这些原型对婴儿感知外语造成了阻碍。婴儿此时已经在通过母语原型过滤器收听声音了。也是在这时候，婴儿自己的声音开始与母语相像起来。等婴儿长到6～12个月大时，他们已经不再是世界公民，而变得和你我一样，成了一名受制于文化的语言专家。

借用之前提到的房子图片的例子来说，许多美国人认为典型的房子都应当有烟囱，因为他们看到的绝大多数房子都是这样。这样的原型一旦形成，就会影响他们对没有烟囱的房子的记忆。假设一个人在大多数房屋都没有烟囱的地方长大，例如靠近赤道的非洲大陆，那么他脑海中的房子原型就没有烟囱。这样一来，美国人也许会比非洲本土人更难以区分和记住非洲的房屋。

在语音系统的学习上还有其他机制发挥着作用。我们提到在1岁至1.5岁时，在中国家庭中抚养的孩子发出的声音听上去像中文，而在瑞典家庭中长大的孩子发出的声音听起来像瑞典语。我们认为，这取决于孩子对自己母语语音规律的理解，同时也取决于他们模仿和发出这些声音的能力。

然而，模仿一个声音要比看起来复杂得多。如果只是听到一个声音，我们并不知道嘴巴应该怎样动才能发出这个音。比如，当听到瑞典语中的“eu”音时，我们不知道该怎么做。舌头应该抬起还是放低？嘴唇是否要噘起来？正确的做法应该是抬起舌头，好比要发英语中的“ee”音，但同时嘴唇外凸好比要发英语里的“oo”音，然后就能发出瑞典语中的“eu”音了。但是如果我们没有告诉你如何去做，而且你不会说瑞典语、法语或者含有这个发音的语言，那么你就会一头雾水。那么婴儿是如何将听到的语音与发出声音时必须做的动作联系起来的呢？[50]

一种观点是，当婴儿在“咕噜咕噜”或者咿呀学语时，他们不只是在练习声带和随意动动嘴巴。我们相信他们正在建立一种口型和声音的匹配，即在发音器官的运动，也就是嘴唇、舌头、嘴巴和下巴的运动与发出的声音之间建立关联。我们知道小婴儿喜欢挥动四肢做游戏，然后入迷地看着自己的动作。同样的道理，他们似乎也在用嘴巴做游戏，然后听自己发出的声音是什么样子的。婴儿会独自躺在婴儿床上，用自己的声音做游戏，开心地尖叫，长时间地发出“ee”“aa”“ba”“ga”的声音，甚至只是咂舌声。通过这样的游戏，他们学习如何发出我们发出的声音。他们学会了要想发出“ee”这样的音，必须抬高舌头，而发“ah”这样的音时舌位则要降低。

学习实验室
THE SCIENTIST IN THE CRIB

婴儿不仅有模仿我们的能力，而且有强大的驱动力去这么做。宝宝喜欢模仿成人的声音。[51] 帕特和安迪发现，5 个月大的婴儿在实验室里重复听到像“ee”这样的简单元音 15 分钟后，会叽里咕噜地发出一个和听到的声音相似的元音。尽管没法发出完美的元音“ee”，但他们已经懂得要发出一个类似“ee”的声音应当如何去动嘴巴。他们已经知道，当你舌头抬起、嘴唇回缩时就能发出“ee”。

仅仅听到成人发出某个声音就能激励婴儿自己尝试发出这个音。

在上一章中，我们还看到处于同一年龄段的婴儿会做出类似唇读的举动。他们更乐意注视嘴巴动作与听到的元音相吻合的面孔，而不是发出其他元音的面孔。这是表明婴儿在寻求所听到的声音与发出这些声音的嘴部动作之间关联性的另一个标志。**抽象原型、用声音做游戏以及模仿声音，三者的结合似乎有助于婴儿破解语音密码。**

学习：如何表达意义

为什么婴儿会使用一些古怪的词语，比如“不见了”和“啊哦”？他们为什么要进行名称的快速映射？在上一章中我们看到，当孩子大约 18 个月大的时候，也就是他们正在学习说话的时候，他们也在学习物体出现和消失的方式、如何使用工具，以及物体如何归属于不同的类别。这些问题都让他们着迷。艾莉森猜测，婴儿在解决问题方式上的变化或许与他们早期的话语有关。[52] 相比于早饭吃麦片这样的生活惯例而言，婴儿对于物体消失所产生的兴趣更加强烈，这或许能够解释为什么“不见了”这个词会让婴儿如此青睐。

如何才能验证这些奇怪的早期词汇是婴儿尝试解决的问题所带来的结果呢？你可以每隔几周拜会一个婴儿，给他不同的问题来解决，同时追踪记录他学到的新词汇。艾莉森和安迪发现，婴儿在首次解决了最难的“钥匙在毛巾下”这类藏匿问题的一两周内，就会开始使用“不见了”这个词。这个时间点有时稍早，有时稍晚。表达消失的词汇和消失的概念似乎是同步出现的。

正如“不见了”与物体消失有关，“啊哦”与婴儿使用工具的能力有关。在上一章中，我们讨论了婴儿如何学会使用玩具耙子去抓远处的玩具。在开始使用诸如“啊哦”这类词语的几个星期内，婴儿们就弄清楚了如何使用这样的工具，正如他们差不多在第一次使用“不见了”这个词语时就解决了关于消失的问题一样。

命名其实与人们对世界的另一个相当不同的层面的理解有关。我们在上一章中看到，婴儿大体在这个年龄了解了物体的类别。他们开始把混在一起的物体分成若干组，每一组都是与其他组类别不同的物体。婴儿出现这种行为的时间大体与他们开始快速映射新词汇并使用大量新名词的时间相同。我们每隔几周去拜会婴儿时发现，当他们突然开始使用很多新的名称词汇时，也开始用新的方式对混合在一起的物体进行分类。

婴儿在领悟到所有事物都有名称的同时也领悟到万事万物都归属于某一类别。由此可见，早期词汇的出现时间往往与婴儿手头正在解决的相关新问题的时间是同步的。

这是怎么一回事？我们认为这有点儿像读大学。想想你第一次在物理学入门课上学到的一些新的概念。如果你对课程真的很感兴趣，而不仅仅是一心想着进医学院，那么你就会去上课，阅读课本，努力理解所有的物理定律。在学习过程中，你遇到了一些奇怪的新词，比如“熵”。起初你对这个词只有一个隐约的认知，然而可以看到这个新词汇与你想要解决的物理问题有关。虽然你还不清楚冷和无序之间有什么共同点，唯一能将两者联系在一起的貌似只有你大学宿舍里的惨状，还有你的男友了，但你意识到熵同热量损失和混沌状态有关。

然后有一天，奇迹发生了，你茅塞顿开，领会了熵是什么。你不仅理解了这个词的意思，能够顺利通过考试，而且真正理解了这个词背后的概念，理解了它如何把热与混沌理论结合起来，并且能够运用这个概念来解决问题。要知道，考试时不仅有“请简要定义……”类的题目，也有“解题并列出步骤”类的题目。但也许你还是没有完全掌握，你对这个概念的误解可能反映在答题时对它的错误运用上，这自然难逃无所不晓的助教的法眼。

亨利小宝宝的“不见了”和大学新生面对“熵”这个概念的情形似乎很像，但是亨利没有受到考前焦虑的干扰。亨利正忙着琢磨这些令人困惑的“出现”和“消失”的问题，每每有奇怪的消失现象发生时他总会听到周围人说“不见了”。突然有一天，他明白了这个词的意思，也领悟到了消失的概念。

所以，在婴儿期已经取得的其他种类的认知进展，为婴儿猜测早期词汇的意义提供了依据。他们解决语言问题的能力与他们在解决外部世界问题时已经形成的特定观念密切相关。驱使婴儿认识世界的机制也在引导他们注意所听到的词汇，并学习如何使用这些词汇。

他人：妈妈语

成人构成了语言问题解决方案的第三个组成部分。前面已经提到，当我们和婴儿说话时，听上去会觉得十分滑稽。如果你听到一个妈妈和其他成人说话，然后听她和自己的宝宝说话，会发现她的声音发生了奇特的变化。一个妈妈对她的朋友说：“今天的交通糟糕得一塌糊涂，我找车位花了很长时间，所以耽搁了，身上又没带零钱，交不了停车费……”她继续絮絮叨叨讲完了一整天的经历，然后连气都不换一下就转向怀里的宝宝，轻柔地说道：“你——好——啊，我的小——心——肝儿。我的小——宝——宝，你好不好呀？”她低头用自己的脸去蹭宝宝的小脸，捏捏宝宝的脸蛋。“哦——小眼睛睁睁开哦。哦宝宝，我家的小宝宝怎么这么可爱呀！来给妈妈甜甜地笑一个好不好呀？嗯——嗯——让妈妈看看宝宝蓝色的大眼睛好不好呀！”[53]

任何听过父母和宝宝对话的人都知道，这绝对不是参加工作面试时的说话方式。这是一个完全沉浸在眼前的襁褓中的人发出的声音，这个人顽皮、活泼、温暖而又全然忘乎所以。若脱离了情境，这样的讲话方式听上去十分荒唐。但不管是妈妈、爸爸、爷爷、奶奶还是朋友，只要眼前有一个小婴儿，我们都会这样讲话，甚至连 4 岁的小孩儿也会对着弟弟妹妹讲“妈妈语”。我们偶尔会听到一些特别有男子气概、声如洪钟的爸爸说：“我从来不和孩子说儿语，不信这一套。”然而话音未落，他便转向一边的宝宝，声音提高了八度说道：“我有吗，小心肝儿？我才不会和你说儿语！”[54]

学习实验室
THE SCIENTIST IN THE CRIB

婴儿很喜欢这种说话方式。[55] 当你给婴儿主动权让他去选择要听的东西时，他们更愿意听妈妈对宝宝的讲话声而不是妈妈与其他成年人的对话。在这些测试中，孩子坐在婴儿椅上，轻轻转动头部就能听到妈妈与宝宝或者成人交谈的 8 秒钟录音。他们只需将头转向左侧或者右侧，就可以选择想要听的录音带。

测试表明，婴儿的偏好与妈妈使用的实际词语毫无关系。不管是婴儿听不懂的外语，还是经过了计算机软件处理、只有音调保留下来的录音，婴儿都会选择妈妈语，或者说所谓的“父母语”“看护人语”。

显然，婴儿之所以选择妈妈语，不仅仅因为这是妈妈讲话的方式，而且还因为他们喜欢这样的发声方式。妈妈语是一种安慰性语言，就好比是味觉上的通心粉和奶酪，就连成年人也会喜欢。帕特的研究生发现，听用外语讲的妈妈语实验录音带对缓解期末压力有绝佳的疗效。妈妈的声音能够牢牢地吸引孩子。妈妈语能够吸引宝宝的注意，使他们将注意焦点放在正与他们说话的人身上。

计算机语音分析的精细技术揭示了我们与宝宝谈话时究竟做了什么。声音的音调急剧上升，有时幅度超过八度；语调变得非常优美动听；语速放缓，元音夸张、延长。

妈妈语是一种世界通用语言。[56]不同文化背景的人在与宝宝交谈时都会使用妈妈语，但通常他们自己并没有觉察到这一点。当妈妈听到自己说妈妈语的录音时，她们的反应是："这不可能是我！我听起来好蠢。我应该这样和宝宝说话吗？"其实她们是凭直觉这么做的，自己并没有意识到。

我们为什么会这么做？我们说妈妈语只是为了引起婴儿的注意吗？只是为了表达爱意和安抚吗？还是说妈妈语有更具针对性的目的？妈妈语当然有吸引宝宝注意力的功能。但事实证明，妈妈语不仅仅是我们用来吸引宝宝注意力的一首甜蜜的歌曲。实际上，妈妈语有助于婴儿解决语言问题。

妈妈语的句子比针对成年人使用的句子更短也更简单。[57]而且成年人对着婴儿说话时通常会反复重复同一件事情，每次只做微小的改变。"你是一个漂亮的小姑娘，不是吗？你难道不是一个漂亮的小姑娘吗？漂漂亮亮的小姑娘。"妈妈语的这些特征可以帮助孩子弄明白母语的词汇和语法。

最能证明妈妈语有助于婴儿学习的证据来自针对妈妈语声音的研究。最近的研究表明，妈妈语饱满、拉长的辅音和元音提供了语音的清晰示范。妈妈和其他看护者爱护着孩子，同时也是孩子的老师。在完全无意识的情况下，他们和孩子说话时的发音比与其他成人说话时的发音更加清晰准确。[58] 当妈妈对一个成年人说“珠子”（bead）这个词的时候，它一瞬间便被草草带过了。但是当妈妈对婴儿说出同样的词语时，她们会拉长发音，念成“珠——子”（beeeeed），让这个词的发音饱满清晰。这使得婴儿更容易掌握语音。

事实上，成年人甚至会对妈妈语进行调整，从而使其更符合特定语言的特点。帕特近期发现，瑞典、俄罗斯和英国的妈妈都会根据自己所说的特定语言，对讲话方式无意识地做出微小的调整。瑞典妈妈语中的瑞典语元音发得比与成年人讲话时更加清晰。同样，英语妈妈语似乎经过了特别的精心设计，使英语元音更清晰。瑞典和英国的妈妈为孩子提供了他们所需要的声音的范围和种类，以便为每种语言提取正确的原型。这个结果尤其重要，因为该结果表明孩子很可能利用妈妈语来学习自己语言的发音。如果妈妈语只不过是一种具有普遍吸引力和安慰功能的声音，那么它可能不会在婴儿学习的过程中发挥重大作用。但是，妈妈语其实经过了精心的改造，可以帮助孩子解决其特定语言中的特定问题。鉴于此，我们认为妈妈语必定有实实在在的影响。

研究婴儿使我们意识到，尽管成人说话时显得十分轻松与自然，但这种能力实际上是大量学习的结果。这一观点与认为语言具有重要的先天成分两者并不矛盾。

问题的重点不在于语言是先天本性和后天培养，或者先天知识和后天学习共同作用的产物。问题的重点是，先天因素和后天因素互相

交织，两者根本无法分割。

先天禀赋使得婴儿得以发挥自己强大的学习机制，从而很好地利用从成人那里获取的知识。婴儿在出生时已经能够正确区分声音，这使得他们能够通过聆听父母说话来重组和重塑这些区别。婴儿已经在组织自己的世界，并且有强烈的动机，想要以新的方式去理解这个世界。这一事实使他们有动力学习新词汇，并赋予这些词汇特定的含义。

语言学家有时会使用自举（bootstrapping）这一术语来描述这个过程。婴儿利用已有知识作为学习更多知识的基础，也就是说他们能够凭借自身力量获得进步。虽然语言学习在许多方面与科学理论的形成不一样，但是这两种学习都涉及这种自举：科学家也会利用当前掌握的理论作为发展新理论的基础。任何一个帮助小孩子提过靴子的人都知道，成年人适时的拉拽和轻推也能派得上用场。[59]

05

孩子的心智如何运行

THE SCIENTIST IN THE CRIB

生命最初的三年里，孩子的变化是惊人的。进入孩子眼睛与耳朵的信息与他们对他人、世界和语言所形成的结论之间存在着巨大的鸿沟。为何会有如此大的差别？对此，科学家所能解决的不过是整个问题的冰山一角，而透过所有科学研究上的差异性，我们的确看到了一幅更大的总览图。

到目前为止，我们已详细探讨了儿童在一系列话题上的认知，从对西蓝花的偏爱到玩具车轨迹，再到字母 p 与 b 发音之间的区别。我们已经看到，在短短三年之内，孩子发生的变化是惊人的。新生儿所了解的知识与 1 岁大的婴儿所了解的知识大不相同，而 1 岁大的孩子所了解的知识与 3 岁大的孩子所了解的知识也存在很大差异。与此同时，我们还认识到，孩子也在处理一些十分深刻而又重要的问题。他们逐渐了解到，他人具有心智，世界独立于他们的主观经验而存在，词汇具有意义。这些都是非常复杂的问题。每个问题中都包含着一段差距，即进入孩子眼睛与耳朵的信息，也就是那些光线与声波，与他们对他人、世界和语言所形成的结论之间的巨大鸿沟。

我们对孩子所学内容的了解超过了对他们学习方式的了解。对于不同的问题而言，孩子的学习机制会存在相当大的差异。我们已经看到，理解词语的发音与理解物体如何运动大不相同。我们需要提出具体且有针对性的理论，界定孩子在每个时间点上都具备怎样的认知，以及他们如何学到更多知识。这就需要我们开展艰难的科学工作。每位科学家所能解决的不过是整个问题的冰山一角。单单弄明白 6 个月大的婴儿对声音有哪些了解或者 1 岁大的孩子对物体有多少了解，都可能需要耗尽一名科学家一生的心血。

然而，综观所有不同的话题、年龄段以及具体的理论，你会发现一些共通的基本观点。当然，有关细节的争论肯定存在。有些科学家也可能会反驳我们在儿童如何学习方面的一些观点。然而，透过所有这些科学研究上的差异性，我们的确看到了一幅更大的总览图。

进化赋予的超级运行程序

第一个基本观点认为，因为人类的大脑就像一台由进化设计好的生物计算机，所以婴儿可以解决这些古老的难题。一边是我们关于这个世界的知识，另一边是我们颅骨中1.5千克重的灰色胶状物，要将这两个看似截然不同的事物联系起来，这一观点为我们提供了截至目前最为贴切的方式。大脑作为一个物质实体，是如何做到思考、推理和认识事物的呢？

古人对这一问题做过一些回答，比如笛卡儿的回答是，世界上有两种根本不同的存在：物质存在，如岩石、树木与身体；精神存在，如灵魂、精神与心智。[1] 人类将物质的身体与非物质的灵魂集于一身。在哲学家吉尔伯特·赖尔（Gilbert Ryle）看来，这就是“机器中的魂灵”（the ghost in the machine）。[2]

然而，这种答案与发展历史长达400年之久的科学研究并不相符。从科学的角度来看，构思读者眼前看到的这些文字的心智也是物理世界的一部分，与木头桌子没什么两样。那么，究竟是什么让类似发展心理学家这样的物质实体能够思考、推理并认知，但是像木头桌子这样的其他物质实体却无法做到呢？

无论是从比喻意义上还是从字面意义上来看，我们都可以说，写这本书所使用的计算机处于人的心智与木头桌子之间。[3] 计算机本身是一个物体，如同木头桌子一样，但是它所具有的一些能力更像心智。它能够将清单按字母排序，能够创建索引、下象棋或是解出复杂的统计学方程。如果将它与大学中那些非常强悍的专家级系统的计算机连接，那么这台计算机甚至可以诊断疾病或分析火星上的岩石。

计算机是如何做到这一点的？桌上的计算机仅仅是几千克重的硅制品与塑料而已，与我们几千克重的颅骨相比，也没什么稀奇。在 40 年前，计算机还是一大堆更重的电子管；今后 40 年，计算机也许会变成亚原子粒子内的一组原子。构成计算机的物质是什么其实并不重要，重要的是这些物质之间的组织方式，即计算机的工作方式。

计算机能够编制索引、下象棋与解方程，得力于它运行时所使用的程序。程序决定着计算机所做的事情。例如，如果知道这台计算机正在运行微软文字处理程序，我便知道它能做哪些事情。实际上，这比我仅仅知道这台计算机使用了哪种电路与芯片时所能了解的信息多得多。即使一台物理结构差别很大的计算机也可能能够运行微软文字处理程序，因此也可以执行与这台计算机相同的任务。

程序所做的其实就是两件事。计算机程序可以接收信息，并将信息转换成一系列的符号；然后遵循一定的规则，对这些符号进行操作与重新排列。认知科学家们通常将这些内部符号称为“表征”。[4] 这台计算机上的文字处理程序对代表着本书文字和句子的符号进行了操作。

该程序识别句子的方式非常简单，你只需在键盘上敲出一连串的字母即可。这便是对计算机的输入。计算机程序将输入的信息转换为一组更为抽象的符号，即编程语言的“文字”。程序可能会对你敲出的字母串进行标记，例如，它会将你输入的一部分字母串标记为“以字母 A 开头的单词”，而将另一部分标记为“以字母 B 开头的单词”。这些符号被用在程序命令规则中，比如命令程序将单词按照字母表顺序排列。在编程语言中，这些规则所发出的命令可能相当于“将首字母为 A 的单词排在首字母为 B 的单词之前”。

然后，程序自动操作、重排并重写这些更为抽象的符号。这些规则使程序将你输入的单词按照字母顺序排列，编写索引，纠正拼写错误，甚至为整个文件调整格式。在这一过程的最后产生的新符号就是表征，它们负责计算机的输出。这时计算机系统地将这些抽象符号转换成新的字母排列，呈现在显示器上。与最开始接收到的信息输入相比，程序最终的输出可能有很大差异。在程序完成按字母顺序排列、索引编写、拼写检查与格式调整之后，在你屏幕上出现的单词和句子会不同于最开始输入的信息。

当然，文字处理程序使用的表征与规则非常简单。然而从根本上讲，即使大学里的超级计算机所做的也是同样的事情。计算机的发明源于一项了不起的发现，即转化与重排的过程可以通过一个物理系统自动执行。后续的过程将编程语言的抽象符号转换为一系列具体的指令，控制电路的开关。最终，编程语言被转译成计算机科学家们所称的机器语言，引发计算机内特定模式的物理事件。接下来的另一个了不起的发现就是，这样的物理系统能够做很多我们曾经认为只有人才能做到的事情。[5]

认知科学的基本观点是，我们之所以能够思考、推理与认知，是因为我们的大脑运行着非常强大的程序，这套程序甚至比现今时代的超级计算机所能运行的程序还要强大得多。[6]

我们的大脑接收进入眼睛的光波输入以及进入耳朵的声波输入，然后对这些输入进行系统性的转换与重组。大脑将这些信息转换为更加抽象的表征，并运用规则来转换这些表征。最后，这些经过转换的表征负责输出，形成我们的经验、话语与行为。

发展心理学家们之所以与木头桌子不同，原因并不在于心理学家们由细胞构成，木桌由木头制成，而在于构成我们大脑的细胞如同计算机中的电子回路，经过特殊的组织，以特有的方式运行。这就像电影《史酷比》（*Scooby-Doo*）的基本情节那样：机器中的魂灵原来只不过是经过伪装的普通物质。

有一种特殊的程序与古老的知识之问尤为相关。原则上，程序能够承载所有类型的输入，并将其转换为各种输出。它们可以接收一张写有随机单词的清单，然后将其转换为按字母顺序排列的清单，也可以将对手走的一步棋视作输入，然后给出回应的走法作为输出。

但是，某些程序的输入和输出之间有着特定的关系。有的程序被设计为能够接收视频图像信息，然后将其转换为对物体的描述。与之类似，有的程序可以接收症状描述，从而对疾病做出诊断。其他一些程序能够接收火星探测器收集的电磁波谱，然后分析出岩石中所含的矿物质。这些程序最初所接收的信息输入都来源于客观世界中的一些实物或现象，例如某个物体的视频图像像素、一系列的症状或者从岩石上反射出来的光谱。然后，程序将生成表征，这些表征能够比原始输入的信息更加精确地呈现出事物的面貌。这些表征能够对物体、疾病或岩石的矿物成分做出具体说明。[7]

如果系统能够正确进行表征，便可以生成能够做出精确预测的输出。例如，如果一台计算机的视觉系统对物体做了正确表征，就能够预测出当该物体运动时会发生什么；如果一个诊断程序正确地诊断出了一种疾病，就可以预测在医生开展一项特定治疗时会发生什么情况；如果一个地理程序正确地判断出了岩石的矿物成分，便可以预测当你对这块岩石开展特定化学实验时会发生什么现象。

这类程序所做的事情就是弄清楚这个世界中的事物是怎么一回事。它们在尝试揭开知识之问。一位哲学家出身的计算机科学家将这类程序设计称为机器人认识论（android epistemology）。[8] 这类程序极为复杂，设计难度很高。至今，计算机视觉依然与人类视觉相去甚远，疾病诊断程序依旧没有医生的技巧娴熟，而岩石分析程序也没有地质学家那么灵巧。但是，这些程序已经被设计出来了，并且非常实用，功能也很强大。

认知科学家们认为，人类拥有类似于这些计算机的程序，它们甚至要比现在的计算机程序强大得多。通过进化设计，我们的大脑能够从输入信息中创建可精确逼近客观世界中实物的表征。和计算机程序类似，这些程序也赋予了我们预测未来世界的模样并采取有效行动的巨大优势。这是大自然解决知识之问的方式。

致力于破解程序的科学家

毫无疑问，计算机科学家的工作是设计出特定的程序，促使电子计算机完成思考与认知。他们必须弄清楚程序设计方法，使得程序能够从正确的输入导向正确的输出。但是，作为认知心理学家，我们的工作大不相同，甚至比计算机科学家们肩负的任务更为艰巨。与其说我们像工程师，倒不如说我们更像考古学家。

实际上，这就像大家都熟悉的《星际迷航》的故事。我们来到了一个星球，发现这个星球已经配备了令人惊奇的生物计算装置。很久很久以前，有一股超乎我们想象的强大力量，历经数百万年，设计出了这些装置。我们可以确信的是，这些装置运用了极为先进的技术。但是这里没有操作指南，没有布线图，也没有“傻瓜专用智人说明书”。我们甚至不能寄希望于全能的设计者，无法期待它在“剧集”的最后几分钟内借一位船员之口，用十分应景的洪亮而又似幽灵般的声音解释其意图。在《星际迷航》中，每次遭遇这种难关，通常都会这样解决。但我们只能依靠自己。

要弄清楚这些装置如何运作，我们能做点儿什么呢？我们可以将它们拆开，看看里面是什么，当然最好不要把它们给弄坏了。在下一章中，我们将看到这正是神经科学家们已经着手在做的工作。与此同时，我们还可以做另一件事，即摸清这些装置运行的程序是什么。我们可以输入内容，看看它会输出什么，比如在键盘上敲一些东西，看看显示器上会出现什么。如果我们的手法够聪明，起码能大致弄明白这些装置运行的是什么程序，以及这些程序使用的是怎样的表征与规则。

这并不是一个空想的科幻课题。通过这种方式，我们已经大致了解了这个星球上的生物计算装置的一些特性，有些方面的了解甚至十分详尽。例如，我们几乎完全了解了将声波转化为话语以及将光波转换为物体图像的程序的某些部分。而我们对这些装置其他方面的了解程度就差了一些。我们对这种生物计算机程序如何理解人与物的本性、如何使用有意义的话语有了一般性的认识，但是对于细节知之甚少。对于这些装置的另一些方面，我们甚至毫不知情。例如，对于这个星球上的生物计算机如何以及为何会有意识，我们基本上可以说是一无所知。我们知道，这些生物装置催生了哲学家所谓的现象学（phenomenology），即我们对意识经验的特殊主观“感觉”，一种颜色或一段声音在视觉或听觉上呈现给人的特定感觉。[9] 但我们并不知道这是如何做到的。

这一切与婴幼儿有什么关系呢？在过去的数千年中，人们认为婴幼儿不会思考、推理和认知。之所以有这种看法，部分原因在于人们在日常生活中对心智所持有的认识。在日常生活中，我们对自己拥有心智这件事往往确信无疑，自然也相信和我们相似的人，尤其是那些同我们说话方式相似的人也具备心智。如果我们想了解某个人在思考什么或者是否在思考，方法很简单：和他交谈。

然而，对于 3 岁之前自己是什么样的，我们大多没有记忆，至于婴儿时的样子就更不记得了。与很小的孩子对话非常困难，而婴儿压根儿就不会讲话。因此，人们似乎顺理成章地得出了结论，认为婴幼儿不会思考，我们自己在那么小的时候也不会思考。甚至有一些现代哲学家仅仅基于这类证据便煞有介事地提出了上面的主张。[10]

然而，当我们将思维视作一种计算时，区分思维生物和非思维生物的标准就变得大不相同了。如果计算机可以思考，或者至少可以下象棋、解方程、诊断疾病以及分析岩石，那么婴儿想必也会思考，因为婴儿的大脑比最复杂的计算机还要复杂无数倍。假如机器可以运行一个复杂的程序，那么婴儿想必也可以做到。要证明这一点，我们必须弄清楚婴儿的输入和输出之间是否存在系统性的关系，也就是通过“键盘”输入的内容与“显示器”上显示的内容之间是否存在系统性的关联。

从《星际迷航》式考古学家的视角来看，那些看起来更像我们且界面更人性化的大型计算装置与小型装置之间不会存在根本性差别。如果认知科学家能十分巧妙地为婴儿设置正确的输入，并且对输出阐释得当，就可以弄明白婴儿所运行的程序是什么。本书的第 2 ～ 4 章以及发展心理学在过去 30 年里所探讨和研究的正是这个问题。我们已开发出了独创性方式，能够为婴幼儿提供正确的输入，并对输出做出解读。我们可以向婴儿展示一张动态的面孔，看他们能不能做出匹配的面部表情；我们可以播放 /p/ 与 /b/ 发音的录音，看他们是否会将头转向一侧；我们可以向他们提出一个简单的问题，比如“尼基认为盒子里有什么东西”，然后看他们会回答铅笔还是糖果，等等。

实际上，作为《星际迷航》式考古学家，探索那些小型装置或许比研究大型装置更加明智。关于这些装置，我们发现了一件十分奇特的事情：所有大型装置都是由小型装置发展而来的，而小型机器有一天也会变成大型机器。如果想弄清楚这些装置运转的基本原理，我们或许也应该从小型装置入手。

那么关于婴儿所运行的程序，我们都有哪些了解呢？他们的程序运用什么样的表征与规则？要搞清楚这些系统运行原理的所有细节，我们依然有很长的路要走。其中一个重要的原因在于，婴儿“运行”程序的方式必然与当前人造计算机的运行方式有很大差别。然而，我们所掌握的知识已足够描绘出婴儿程序的大致轮廓了。

为了总结这一大致轮廓，我们将对前几章中提出的三个观点进行详细阐述。

基础。起初，婴儿将外界的信息转换为丰富、复杂、抽象与连贯的表征。这些表征使婴儿能够以特定的方式解读他们的经验，对新事件做出预测。婴儿天生就配备了强大的程序，这些程序已经启动，做好了随时运行的准备。

学习。新的经验使得婴儿对原始表征进行扩展、修改、修订、重塑与重组，有时甚至会替换原始表征，从而最终获得与原始表征大为不同的丰富、复杂、抽象与连贯的新表征。随着婴儿从世界中获取的输入越来越多，他们用来对输入进行转换、操作和重组的规则也会发生改变。他们拥有的不是单一的程序，而是一系列日益强大、精准的程序。在这个过程中，通过探索与实验，婴儿自身发挥了主观能动性。他们为自己进行了重新编程。

他人。其他人尤其是那些负责照顾婴儿的人的自发行为促进和影响着婴儿的表征与规则的变化。这些行为大多是无意识的。他人受到自身程序的控制，帮助婴儿为自己重新编程。

基础：强大的出厂设置

30 年的发展研究得出的最令人惊讶的发现是，即使是很小的婴儿也掌握了极为丰富的知识。25 年前我们上大学时，一些备受尊敬的心理学家宣称：新生儿没有大脑皮层，他们仅仅具有最简单的自动反应，其实有点儿像长了鼻子和眼睛的蔬菜，会哭泣的胡萝卜。连皮亚杰本人也认为，新生儿只有反射性反应。

因此，不难理解为什么当时很多人都觉得，如此简单的生物根本不值得研究。事实上，在 20 世纪 70 年代以前，学术界几乎还不存在婴幼儿研究这个领域。在 1978 年举行的第一届婴幼儿研究国际会议（International Conference on Infant Studies）上，研究者们只需酒店的一间会议室就能装得下。起初，关于婴幼儿的每一项新发现，无论研究方法多么严谨，都受到了深度的质疑，这种质疑的态度似乎超越了科学界对新发现的质疑常规。婴儿能够思考并获得信念、学习并获得认知，这种观点似乎让人完全不能接受。

当然，所有致使哲学家质疑儿童心智的历史因素同样也适用于婴儿。极小的婴儿看起来对很多事情都无能为力，探索他们的心智需要极其巧妙的技巧和录像技术。此外，婴儿是那么熟悉又随处可见，然而人们又对他们视而不见。他们是家庭日常生活的一部分，而各路学术界的人士，从科学家到社会学家再到历史学家，都认为婴幼儿研究不值一提。

随着更多女性科学家的出现以及更多的男性科学家开始照顾孩子，加上录像技术的出现，我们才开始真正关注婴儿。这种改变本身就使得“哭泣的胡萝卜”失去了可信度。婴儿照料者通常都认为婴儿具有思考能力，但是一开始，这些直觉性的观点很容易被科学家忽略，认为它们只不过是老妇人的传言罢了。然而，当科学家和婴儿照料者是同一个人，并且可以利用录像证据来证实自己的直觉时，这些观点就很难被科学界忽视了。而眼前，就有两个老妇人外加一个老头子正在写这本书。

不论历史大潮带来什么样的影响，科学的战斗都可以说是艰苦卓绝的。但是到目前为止，这场战斗的大部分已然告捷。或许社会思潮对这一胜利起到了助推作用，但获胜的关键在于我们所熟知的科学武器：细心谨慎且有独创性的实验、跨实验室的反复验证、充分的论据以及下一代的转变。现如今，婴幼儿研究国际会议的举办方必须预订大型会议中心，还有大量学术期刊和协会组织致力于幼儿早期研究，这或许有点儿让人喜忧参半。若有所思的宝宝照片甚至登上了《时代》与《新闻周刊》的封面，还被印刷在《纽约时报》的科学版面上。今天，很少还有科学家会说婴儿天生只有少许反射活动，以及对刺激的固定反应。[11]

即使是最小的婴儿似乎也能够对客观世界进行表征。他们的大脑里有表示外部世界的符号，其工作方式与计算机程序中的符号很相似。婴儿从外界接收输入，如光波与声波，并遵守一定的规则，将输入转换为不同种类的表征。这些表征负责最终的输出：婴儿的表情、动作与行为。

然而，即使是计算机程序，也具有多种不同的表征与规则，从便携式计算器的简单表征与规则，到疾病诊断和火星岩石分析程序的复杂且抽象的表征与规则。那么婴儿的表征与规则是什么样的呢？

首先，婴儿的表征丰富而复杂。正如我们所看到的那样，婴儿的表征包罗万象，比如自己的面孔与他人面孔的相似性、物体的运动方式以及某种语言的语音分割方式等。婴儿的世界并不简单。他们将进入眼睛和耳朵的信息输入转换成一个充满着他人的多彩世界，这些人的面孔生动活泼、表情丰富，他们的声音迷人、复杂且富有节奏。同时，这个世界也充满了复杂的多维结构物体，这些物体的运动方式令人眼花缭乱、应接不暇。

同时，婴儿的表征也很抽象，超出了直接感觉所能捕捉到的信息范围。最为明显的是，这些早期的表征将来自不同感官的信息关联在了一起：它们将舌头感觉到的味道与物体的模样联系起来，将弹起的球与发出的“砰砰”声联系起来，将嘴巴张开的样子与“啊”的声音联系起来。

婴儿的表征超越了感觉，还体现在其他更加深刻的层面上：将面部表情转换为情绪；将二维图像转换为三维物体；接收不间断的声音，将其分割为离散的语音。即使对新生儿来说，最终产生的表征与传入眼睛和耳朵的输入也截然不同。婴儿的世界一点儿都不简单，也不是那么不抽象。婴儿已经窥见了皮囊之下的灵魂，体验到了言语背后的情感。

这些表征和规则引导婴儿以特定的方式来解读所发生的事情，留意某些事情而忽略别的事情。起初，他们对人的面孔和声音尤其着迷；几天之后，他们就会特别注意熟悉的面孔和声音。最开始他们特别注意物体的运动方式，之后则会逐渐开始关注物体的形状、颜色和质地。一开始，婴儿只注意到声音的某些变化而忽略其他变化；不久之后，他们便不再关注那些曾经吸引他们的声音变化了。

最后，婴儿的表征与规则促使他们对未来将要发生的新事件形成了期望甚至预测。当婴儿的程序获得与当前事件相关的信息时，就能够生成对未来事件的表征。当看到一辆玩具车跑到屏风后面时，婴儿会探头向前看，一直望向屏风的尽头，期待玩具车在那里出现。当发出咕噜的声音时，婴儿期待能得到成年人的回应。当看到张开的嘴时，他们会期待听到一个“啊”的声音。当预测结果出错，期望被打破时，他们会以特有的方式做出反应。如果玩具车没有在预期的地方出现，他们便会露出迷茫的神情；当发声举动没有得到回应时，他们会苦恼。

正如婴儿的世界既不简单也很抽象一样，他们的世界也不局限于此时此地。即使非常小的婴儿也能够记得过去发生的事情，还可以预测未来将要发生的事情。

这种与生俱来的程序非常重要，其意义不仅在于给婴儿打下坚实的基础，提供起点。让哲学家和心理学家困惑的问题，一直都是我们如何从未经处理的原始感觉，从那“蓬勃发展、嗡嗡作响的困惑”过渡到对世界的理解。我们如何知道该关注哪种感觉呢？婴儿给出的答案是：我们从来都不需要去应付原始物质，而那种“蓬勃发展、嗡嗡作响的困惑”状态也是不存在的。从生命的最开端起，我们就能够了解世界，懂得挑选重要的东西，知道应该期待什么。从出生的那一刻开始，我们便启动了一个程序，将光波和声波转换成了活生生的人、物体以及语言。

学习：为自己重新编程

一代人的革新思想会成为下一代人的正统观念，这是一个无奈的事实。婴幼儿一开始就具备很多知识这种观点已经被人们普遍接受，这使得另外一个观点顷刻间显得很激进：还有很多知识婴儿并没有掌握，他们需要进行大量的学习。关于婴儿如何学习以及他们究竟能学会多少东西，还存在很多争议。

在学习方面，生物计算机与人造计算机看起来差别很大。新生儿的初始程序极其复杂，更让人惊讶的是，这台生物计算机的所有复杂软件都安装在一个如此娇弱的身躯里。我们已经看到，婴儿能做的许多事情都远远超出了现有计算机的能力，实际上，他们的能力远远超出了最先进的有认知能力的机器人。不仅如此，初始程序似乎会自发地转变为一个更强大、更精密的程序。

3 个月大的婴儿的程序与 1 岁孩子甚至 4 岁孩子的程序相比，显然大不相同。当我们把相同的输入提供给一个 3 个月大的婴儿和一个 4 岁的孩子时，会得到大不相同的输出，好比在键盘上输入相同的东西，显示器上将出现差异很大的信息。3 个月大的日本婴儿听到 /r/ 音逐渐转变为 /l/ 音时，听到的是两个不同的声音；相比之下，1 岁大的日本孩子听到的却是同一个声音。当

14 个月大的孩子看到你表现出讨厌吃小鱼饼干但是喜爱吃西蓝花的样子时，还是把小鱼饼干递给了你；而 18 个月大的孩子则会选择把西蓝花递给你。当一个 3 岁大的孩子看到装满铅笔的糖果盒时，会说尼基认为盒子里有铅笔；而 4 岁大的孩子则说尼基会错误地以为盒子里有糖果。

3 个月大的婴儿、1 岁大的孩子和 4 岁大的孩子对同一件事似乎抱有截然不同的想法。他们似乎把光波和声波转换成了不同的表征，并运用不同的规则来操控这些表征。婴儿拥有的不仅仅是一个从输入到输出的单一固定程序。相反，他们似乎能够自发地从一个程序切换到另一个更为强大的程序。这使得婴幼儿与我们现有的计算机呈现出完全不同的面貌，也使得我们这些《星际迷航》式考古学家的工作变得更加艰难。

我们该如何解释这些变化？一种可能的观点是，这些变化仅仅是婴儿成长带来的结果，如同毛毛虫在成长过程中变成蝴蝶那样，或者就像我们长到青春期时会经历乳房发育和长出胡须一样。这些变化可能只与某个基因有关，这个基因会根据特定的成长发育时间进程发挥影响。孩子长到 4 岁大时，用于理解错误信念的程序便会出现，就如同她到 12 岁时乳房会发育一样。我们当然不会认为毛毛虫变成蝴蝶需要学习；同样，就像我们认为一个女孩的乳房发育是自然而然的、不需要学习一样，我们也可能不会认为孩子对错误信念的理解是通过刻意学习学会的。

另一种可能的观点完全不同，即随着我们吸收的关于这个世界的信息越来越多，我们对世界的认识也会发生改变。我们不断地积累越来越多的输入信息，然后将输入的一些片段与其他片段关联起来。比如我们听到晚餐铃声响起，然后看到食物上桌，不久之后我们就会把铃声和食物联系起来。面对实验人员的提问，我们给出了一个特定的回答，然后得到了表扬，不久之后面对类似的问题我们就会尝试给出同样的回答。通过这种具体和零碎的方式，孩子最终能够在特定的输入之间及在特定的输入与输出之间建立关联。

发展心理学的观点

我们认为，这两种观点都没有正确地认识到发展的真实情况。婴儿程序的一部分可能确实是逐渐发展成熟起来的，婴儿也确实可能会通过探索输入及输入与输出之间的关联获得一些知识，但这不可能是事情的全部，甚至可能只是一小部分而已。那些长时间与孩子面对面相处过的人大都会发现毛毛虫的比喻不靠谱，晚餐铃声的比喻也不太合理。在发展心理学中，关于婴儿对世界的理解如何变化的理论有很多，这些理论提出了许多与成长发育和经验之间的平衡相关的不同见解。[12]

在我们看来，孩子对人、物体、语言的整体观念在出生后的头三年中会发生翻天覆地的变化。之所以会产生这种变化，是因为孩子对这个世界的发现产生了改变。我们前面已经讲到，婴儿在最开始便拥有复杂、抽象与连贯的世界表征和操控这些表征的规则。他们运用这些表征和规则来理解自己的经历，预测将要发生的事情。一旦这么做了，他们便可以将自己的实际经历与之前所做的预测进行比较。如果两者之间有差异，他们可以对自己的表征和规则进行修正。当在经验中注意到新的模式时，他们可以创造新的表征与规则来捕捉这种模式。通常情况下，婴儿似乎一下子改变了很多表征和规则。新的表征和规则带来了新的经验、预测结果，然后提出想法和检验想法的过程重新开始。

我们关于这个世界的经历与已有知识交互影响，形成新的知识，这使我们获得新的经验，做出新的预测并加以验证，进而我们又能够获得进一步的知识。

哲学家奥图·纽拉特（Otto Neurath）将知识比作一艘我们在航行中不断改造的船。[13] 尤利西斯在他 30 年的漫游中为了不让船沉下去，必须不断修复和改造他所居住的船。每一场风暴或每一次的风平浪静都意味着对船的修整。旅途结束时，整条船上几乎没有一处是原来的样子了。这个比喻恰当地描述了我们对认知发展的观点。在生命的起点，我们已经持有许多关于这个世界的观念，这些观念使我们能够了解周遭发生的事情并采取行动，在这个世界里扬帆起航。而在这个过程中，我们又获得了新的信息，使我们改变了观念，得以建立新的理解模式，采取新的行动。

在儿童发展的多个领域中，我们都看到了这种变化。起初，婴儿把自己内心的情感与他人的表情相关联。这种联系促使他们进行模仿和“调情”，并把婴儿和父母置于一个愉快、亲密而浪漫的安全环境中。然而，随着婴儿对世界的理解越来越深入，他们最初的表征也发生了改变。等孩子 18 个月大的时候，他们已经构建了一个更为复杂、融合了人与物的不同图景。他们对人与人之间的差异性以及相似点有了一些了解。这将他们从擅长搞亲密关系的高手变成了一种更为复杂的生物——既是邪恶的怪物，又是充满同情心的天使。到三四岁时，孩子会再次修正这些表征。他们开始根据他人所持观念来解释人们的行为，并发现不同的人拥有不同的想法。这一发现反过来赋予了孩子欺骗和质疑的新能力，同时也给予了他们真正了解他人观点的新能力。

起初，孩子认为自己与他人的心智之间有着极大的相似之处。这种信念为他们解决他心问题打下了良好的基础。但在头三年中，他们也观察到他人在言行上的不同之处。这些差异源于所有人的心智并不完全相同这一事实。当妈妈不许他们触摸台灯电线时，或者当哥哥说他们完全弄错了的时候，这些孩子都会表现出极大的兴趣，静心注视和认真倾听。新的证据促使孩子不断修正着最初的信念。

与之类似，孩子最开始便了解空间是三维的，物体会以可预测的方式运动。他们甚至会伸手去抓一些物体或者躲避某些物体。等他们长到 18 个月大，在观察并操控周围的物体、玩躲猫猫游戏或者把物体分成不同小组时，他们看到这些物体表现出新的属性，进而开始寻求解释这些新现象的方法。他们知道，无论运动的三维物体以怎样的方式出现或消失，这些物体都会继续存在，并且知道所有这些物体都属于特定类别。到三四岁的时候，在开始认识到小猫咪会成长为成年猫，老虎有内脏而岩石没有时，他们已经把这些最初的分类方式转变成了生物物种和“自然类”（natural kinds）。

婴儿最开始能够区分所有语言语音之间的差异。就像世界公民一样，美国新生儿既可以区分非洲的基库尤语音，也可以区分英语语音。到 12 个月大时，由于重复听到母语的声音，他们创造出了反映特定语言语音类别的新表征。1 岁大的美国孩子不再能区分基库尤语音类别，但区分英语语音类别的能力更强了，甚至他们的咿呀学语也“听起来像英语”了。

在所有情形中，婴儿已经具备的思想都决定了他们接下来会何去何从，比如哪些事件会吸引他们，他们会处理哪些问题，要做哪些实验，甚至会听到哪些话语。然后婴儿会根据学到的东西，改变自己的想法和认识。

婴儿还具有人造计算机所缺乏的另一种能力，那就是他们可以做事。他们不仅可以被动地学习关于这个世界的知识，还可以主动地介入世界。一个1岁大的孩子可以伸手拿到一只新的橡皮鸭，将它放到嘴里咬，用它敲浴缸边沿，把它丢在水里，然后观看爸爸对所有这些举动的反应。

我们所描绘的发展图景的一个重要方面在于，婴儿会积极主动地探寻其周围发生事件的模式、验证假设并寻求解释。他们不仅仅是打上了进化烙印、由环境或成年人塑造的无定型对象。

在第3章中，我们讲述了婴儿有理解周围所发生的事件的需求，即一种做出解释的内驱力。这种内驱力促使他们采取必要的行动，从而帮助他们获取所需信息，同时引导他们去探索和实验。那些被我们称为游戏的看似毫无意义的活动，似乎就是这种内驱力的结果。孩子玩模仿游戏时其实是在理解他人在想什么，玩捉迷藏时其实是在尝试弄清楚人们如何看到物体，而咂嘴发出“咿咿呀呀”的声音其实是在探索语言的声音。这些活动不仅妙趣横生，并且富有意义。[14]

我们对婴儿程序的考古式研究显示，这个星球上的《星际迷航》式生物计算机与现有的人造计算机的运作大不相同。如果想要对这些生物计算机进行逆向工程建设，那我们必须为计算机科学家们提供一组非常严苛的参数。

婴儿计算机从一个特定的程序开始，即把获得的输入转换为对世界的准确表征，然后转化为预测和行动。但是，最引人注目的一点是，这些计算机所做的并不止于此。相反，他们会重新自我编程。他们主动介入世界，收集更多的输入，并根据新的输入对预测进行检验，发现的结果引导他们构建出大为不同的新表征，以及由输入生成表征的新规则。如果我们想制造一台像这种生物计算机一样强大的新计算机，这就是它应有的样子。当然，如果只是想要制造另一台可以做到所有这些事的计算机，其实我们已经知道如何制造了，这比编程更容易、更有趣。

成人也是大婴儿

如果我们认为这就是婴幼儿的运作方式，那么也许成年人的运作方式也是这样的。毕竟，我们只是大一点儿、老一点儿的“婴儿”。或许我们也乘坐着尤利西斯的船航行，从已有的知识出发，收集更多关于世界的信息，并根据发现来修正自己的观点。

事实上，这种关于学习的总体发展观点可能适用于广泛领域。我们已经看到，它适用于学习语言，也适用于关于世界的学习。它适用于我们所认为的更具知觉性的学习，如言语辨识；也适用于我们认为更具概念性的学习，如对物体的了解。它适用于几乎完全无意识的学习，如语言学习；也适用于看似更有意识的学习，如对他人心智的了解。

这种总体性的发展观点可能也同样适用于成年人。对绘画、写诗乃至音乐创作而言都是如此。艺术家也能创造出复杂、抽象、连贯的世界表征形式，即使在非写实艺术中也是如此。这些表征形式超越了眼睛所看到的事物，捕捉到了某种我们认为真实的东西。这些艺术表征源于已经创造出来的作品，同时也对艺术传统加以拓展和修正，引进了新方法来解决新问题。艺术家们积极实验新的可能性，根据新发现改变他们的艺术创作。当然，新的艺术成就能够改变我们看待世界的方式。

发展的观点似乎也适用于我们做出道德和政治决定的方式，至少这是有可能的。我们从关于人们应该如何相互对待或一个社会应当如何组织等基本思想出发，但同时我们也会实践新的人际交往和社会组织的思考方式，那些我们认为更有效的方式。我们观察哪些条件会促进人类和社会的繁荣，又有哪些情况会导致人类和社会的退化。根据学到的新知识，尤其是实际的政治实验结果，我们又会对想法做出修正。

科学家就是大孩子

人类的学习通常就像尤利西斯的船。然而，有一种成年人的学习与孩子的学习尤其类似。近来，很多发展心理学家认为，孩子的行为与成人科学家有着惊人的相似之处。[15] 孩子创建与完善理论的方式与科学家一样。这种观点至少能够很好地解释一些类型的认知发展。我们称其为理论论（theory theory）。[16] 该理论认为，孩子拥有关于世界的理论。

我们认为，某些特定的早期学习，比如关于物体尤其是心智的学习，与科学理论的演变极为相似，甚至是完全相同的。我们不仅认为，如同知觉学习、艺术学习与政治学习可能都具有相同的基本结构一样，婴儿计算机与成人科学家计算机也具有相同的基本结构。我们还认为，孩子与科学家实际上都运用了一些相同的机制。

科学家就是大孩子。他们之所以是非常有效的学习者，原因在于他们运用了进化为孩子设计的那种认知能力。

科学与“毛毛虫成长说”和“晚餐—铃声关联说”都不相符。如果说爱因斯坦的相对论天生就编入了我们的基因密码中，恰巧于1905年在爱因斯坦的大脑中变得成熟，人们会觉得这是天方夜谭。另一方面，我们也早就知道，科学家的工作绝不仅仅是对世界进行观察并记录他们所看到的现象。

相反，像婴儿一样，科学家们拥有丰富、复杂、抽象而连贯的世界表征。他们掌握了理论知识，这些理论帮助他们将输入，也就是他们收集到的证据转化为更加抽象的对现实的表征。

对于那些不符合自己表征的事实，孩子会选择忽视或者进行再次解读。和婴儿一样，科学家通常会忽视或再次解读那些不符合他们理论的事实，起码在最初阶段是这样的。这些都不是什么坏事。如果每次有一名本科生实验失败，得出了十分奇怪的结果时，我们都要把物理定律推倒重写，那无疑是很荒谬的。事实上，不论是科学家还是孩子，掌握理论的一个好处就是，理论能告诉我们应该将关注点放在哪里。

这些理论也超越了它们的证据基础。就像孩子的表征允许他们做出新的预测一样，科学家也会根据这些理论对从未见过的事物做出新的预测。由此，科学家和孩子能够采取更有效的行动。

就像婴儿通过做游戏来验证他们对周围物体的假设一样，科学家也是通过做实验来做到这一点。当然，科学家的玩具要昂贵得多。要了解与物体相关的知识，孩子需要的只不过是一套搅拌碗；然而科学家要了解中微子的属性，则需要经过国会法案的批准。

正如孩子最终会根据发现去修正甚至更新已有的知识，科学家甚至会完全放弃先前十分珍视的理论而接受新的理论。与孩子相比，科学家的确更不情愿轻易摒弃已有的理论，当然这很可能与他们的玩具成本极高这一因素有关。

我们发现，人类学习最成功的两个例子异常相似。孩子与科学家是世界上最优秀的学习者，他们似乎都运用了非常相似乃至完全相同的学习方式，即使是最先进的计算机也不能与之相比。

孩子和科学家都不是从零开始的，相反，他们经过不断修改和更替已有的知识来获取新知识。与此同时，他们也绝对不会故步自封，而是随时准备好对已有知识或者他们认为自己了解的知识做出进一步的修正。

虽然科学家与孩子相似的观点一开始可能会让人大跌眼镜，但这一观点有助于我们理解一些令人困惑的事实。毕竟，科学家和我们其他人一样，都有着相同的大脑。科学之所以令人信服，是因为我们所有人都能够不同程度地认识到，对周围发生的事情进行解释以及对未来会发生的事情做出预测是有价值的。然而，人类发挥大脑的能力进行系统科学研究只有 500 年左右的历史。既然在远古时期从未得到过运用，我们是如何拥有如此强大的学习能力的？这种能力从何处来？为什么那些拥有超强法力的巫师般的科学家与我们实验室里温顺的婴幼儿之间会有如此强烈的相似之处呢？

我们的回答是，这些能力由进化而来，供婴幼儿使用。在本书的第 1 章中，我们描述了长期的未成熟状态与认知灵活性之间的进化关系。我们提到了这样一个观点：**作为一个物种，我们以不成熟为代价来换取学习的益处。**[17] 人类是拥有最高认知灵活性的物种，能够适应最多样的环境。关于非洲的早期人类具有单个分支还是多个分支有很多争议，但是没有人会否认人类分散到了世界各地，而与我们最亲近的灵长类物种依然待在原地。我们永远无法抵抗来自遥远天际的召唤。无论是福是祸，人类已遍布全球，我们的足迹甚至已抵达太空。我们之所以能够生存下来，是因为我们会不断改变自己的行为以适应周围的世界。我们能够发现事物的运作规律，从冰川到沙漠再到洛杉矶中南部地区，我们可以通过改变自己的行为来适应这些恶劣的环境。

同时，人类还拥有极其脆弱且依赖性极强的后代。有些孩子大学毕业了还住在父母家里，他们的父母也许会时不时羡慕那些猫妈妈和鸟爸爸，在幼崽出生几个月后就能把它们无情地赶出去。但我们明白，我们做不出这样残忍的事情，而且即使这样做了，我们的孩子也无法存活。当然大学毕业生是另外一回事。除了人类的婴儿，没有哪种生物的后代仅仅为了生存而需要在如此长的时间里依赖他人，也没有哪种生物像成年人类那样如此长期地甘愿承受这种被依赖的负担。

进化设计的这些特征与人类拥有的异常强大而灵活的学习能力是相符的。我们在这个被称为“童年”的长期受保护的伊甸园中施展着这些能力。在这段未成熟期，成年人的照顾为我们解决了生存的后顾之忧，让我们不必以任何既定的方式生存。因此，我们得以自由探索各种可能性，学习在特定的世界中做需要做的事。

在童年时代，我们可以安全放心地投身于对特定自然环境和社会环境的学习。这好比成年人已经为我们提供了资金和技术，我们可以大胆放心地开展纯粹的基础性研究。

在大多数历史阶段，在到达成熟期后，多数成年人主要的学习活动可能已经基本停止，取而代之的是四个更为核心的进化事业，即所谓的四个“F”①：吃喝、逃跑、战斗、繁衍。远在上幼儿园之前，我们就已经学会了大多数需要知道的东西。作为成年人，我们之所以能够在特定的环境中生存下去，是因为我们在幼年时期已经摸清了这个世界的运转方式。

同样，这些学习能力的延续使我们中的某些人在某些时候致力于继续对周围世界的新事物进行探索。当我们为成年人提供闲暇、金钱以及有趣的问题让他们去解决时，他们几乎可以像婴儿一样聪明。我们认为，在整个历史长河中，有些成年人坚持学习关于世界的新事物，尤其是与生存问题紧密相关的事物。狩猎采集者的“民间植物学”和澳大利亚土著的地理学成就都可以通过这种观点来解释。[18] 但大约在500年前，历史偶然地为更多的成年人提供了了解世界的机会。我们发明了重塑童年的机制：提供受保护的闲暇与适宜的玩具。我们称这些机制为科学。

约500年前，一种儿童的自然活动被转变为系统的成年人活动。当然，这种转变导致了孩子与科学家行为之间的许多不同。最重要的区别或许在于，孩子通常会为中等大小且近距离的常见物体构建理论，这些物体中也包括人。因此，他们能完全沉浸在与其理论相关的证据之中。他们需要知道的一切都很容易获得。相比之下，科学家提出的理论所探索的物体通常或者特别微小，或者非常庞大，或者隐秘、罕见、遥远，而相关的证据往往非常有限。他们创建关于遥远的恒星和难以捉摸的疾病等事物的理论。这种相对较小的差异具有很大的认知和社会影响。

① 四个“F”是指“feeding, fleeing, fighting, and engaging in sexual reproduction（代指以f开头的某英语单词）”，即为人类进化的四种本能。——译者注

所有孩子似乎都会在大约同一个年龄段创建相似的理论。一些发展心理学家认为，这是毛毛虫成长论的佐证。但是，如果孩子们拥有相同的初始理论、相同的理论修改机制，并且有很多非常相似的证据，那么有这样的结果也在预料之中。世界各地的孩子在一开始对人与物的看法都是相同的，也将会获得相似的关于人和物的体验。在每一种文化中，不同的人都会拥有不同的信念和欲望，而物体被隐藏之后也都依然会继续存在。所有这些日常事件为孩子提供了证据，促使他们对初始理论做出修正。

相比之下，不同的科学家，以及处于不同历史时期和文化背景中的人，可能对诸如星星和疾病等事物掌握着截然不同的证据。而通常情况下，他们所掌握的相关证据可能都非常有限，因此他们可能会得出不同的结论。实际上，如果科学家们从相同的理论出发，试图去解决相同的问题，并得到相同的证据，也就是说他们的处境与婴儿相同，那么他们也会在大约同一时期提出相似的新理论，这就是经常会有人共享诺贝尔奖的原因所在。

科学的大部分体制结构都致力于组织搜寻证据和评估证据的质量。因为仅仅获取正确的数据就需要大量的工作，所以科学需要复杂的分工。孩子确实会利用他人的帮助来解决问题，但是他们所需要的基础性证据无处不在。相比之下，要找到与某些科学假设相关的证据，可能需要实验室里的所有博士后、研究生和研究助理奋战数月甚至数十年。

劳动分工也需要巧妙且有时很脆弱的社会机制来维持信任和信心。[19] 孩子会认为，他们可以相信妈妈的话。而科学家们不仅需要依靠自己的博士后和研究助理，还需要其他实验室里存在竞争关系的科学家提供帮助。

在 16 世纪后，通信技术取得了巨大的进步，复杂的工业社会开始蓬勃发展。我们认为，这是推动上述科学分工成为可能的动力。我们能够让一些人免于日常生活需求的拖累，让他们专心去探索世界。意大利天文学家伽利略可以依靠丹麦天文学家第谷·布拉赫（Tycho Brahe）收集的数据和德国天文学家约翰尼斯·开普勒（Johannes Kepler）构建的行星运动定律，而他们又都可以依靠望远镜进行观测。所有这些社会和科技的变化促成了新的行星理论的出现。

先天并未赋予我们应对某些特定问题的能力，而科学家似乎发明了一些新的认知过程，专门用来应对这些问题。

婴幼儿面临的最主要问题并不是评估证据的可靠性，而是理解证据。孩子最关心的是对证据的解释，而不是判断证据是否可靠。然而对于科学家来说，确定证据的可靠性十分重要，同时也困难重重。

科学家必须制定详细的实验方案和设计方法，确保不同地点的实验人员得出相同的实验结果和统计数据，以便我们处理概率性证据。科学家必须决定何时认可某个证据，何时保持质疑。而孩子则可以更轻易地相信证据，而不用付出很大代价。

孩子与科学家之间的这些差异是真实存在的。尽管如此，我们还是认为婴儿与科学家具有相同的基本认知机制。他们有相似的程序，也用相同的方式重新自我编程。**他们都会构建理论、做出预测并进行检验、寻求解释、开展实验，并根据新的证据修正已有的知识。**这些能力是科学取得成功的核心要素。如果科学家不能创建理论并对其进行实验，那么所有的社会机制都将毫无用处。

当然，这意味着我们其他人也具备这些学习能力，只是我们运用这些能力的时间可能没有科学家多。我们认为，这些基本能力是进化赐予人类的禀赋中的一部分。这些能力可以让我们了解世界的真相，这也是进化赋予人类这些能力的意图所在。进化的力量就像一个天才的设计师，不仅为我们设计了精巧的眼睛，还为我们设计了睿智的心智，让我们去认识这个世界。

解释堪比高潮

生物计算机与人造计算机的另一个区别在于，人类有情感和动机，而人造计算机却没有。不过，作为《星际迷航》式考古学家，我们也可以对这个星球上的生物计算机的情绪和动机展开调查。我们甚至可以就这些情绪和动机与计算能力之间的联系提出假设。

我们认为，婴儿甚至拥有一些与科学家相同的情绪与动机。做婴儿的感觉可能和做科学家的感觉很像。婴儿不仅有探索和阐释世界的能力，似乎也拥有这样做的内驱力，即使冒着生命危险或妈妈大发雷霆的风险也在所不惜。像人类的其他驱力一样，这种寻求解释的内驱力伴随着特定的情绪：当无法理解一件事时，人们就会产生一种极度不安的不满情绪；而当能够理解时，人们就会产生巨大的愉悦。[20]

实际上，我们可以在婴儿的脸上看到这些情绪。[21] 当我们向婴儿提出关于物体恒存性或错误信念的问题时，一开始他们会嘟起嘴巴，眉头紧锁。随即，还没来得及给出正确答案，他们的脸上就已经绽放出灿烂甚至得意的笑容。我们曾经通过国际母乳协会（La Leche League）招募过很多婴儿作为研究对象。该协会是一个鼓励母乳喂养的组织。通常情况下，当我们给这些婴儿一个非常难的问题让他们解决时，他们会皱眉，然后转向妈妈，快速吃一口奶以寻求安慰，然后精神焕发、兴高采烈地回到问题上来。这可能和深夜实验室里的香烟和糖果棒是一样的道理。

即使是天天为新时代的四个“F”① 而伤神的忙碌成年人，也体验过明悟事理带来的满足感。在阅读大众科普读物时，我们能够看到问题如何被解决、不可思议的现象如何被解释，从中获得一种感同身受的快乐。在闲暇时间，我们会为自己设置一些问题，从国际象棋到填字游戏，并为找到问题的答案而乐此不疲。一旦有机会，我们就会去玩这些游戏。

贪婪、野心、焦虑、欲望堪称每个实验室都存在的四个“F”。尽管职业科学家都或多或少受到这四个“F”以及其他成年人驱力的驱使，但寻求解释的内驱力也起着重要的作用。在这一点上，物理学家史蒂文·温伯格（Steven Weinberg）这样说道：“大自然作用于我们的方式就像一台教学机器。当对自然有了新的认识时，科学家会体会到强烈的愉悦感。这些长期的经验教会了我们如何判断哪种科学理论能够为我们提供理解大自然所带来的乐趣。”[22] 在指挥火星探测器的经历中，美国宇航局的科学家们曾这样表述他们兴奋的心情：好像又回到了童年。他们当中没有一个人说自己的心情就像刚刚获得加薪时的心情。

解释之于认知如同高潮之于繁殖：这是一个高度愉悦的过程，标志着自然驱动力的成功实现。正如17世纪的哲学家托马斯·霍布斯（Thomas

---

① 新时代的四个“F”是指“increasing your salary, intimidating your bureaucratic enemies, outwitting the ones you can’t intimidate, and flirting over the watercooler”，即提高薪水、吓唬职场对手、智取那些无法吓唬到的人、在茶水间调情，是人类职场的四种本能，故名。——译者注

Hobbes）所言："有一种心灵的欲望，凭着对知识不知疲倦的追求带来持续不断的快乐，这种快乐远远超过了肉体上的快感带来的短暂愉悦。"[23]这也许稍微有些夸大其词。我们认为，这些独特的人类认知情绪可能是自然认知系统的运行标志，疑惑时的痛苦和解释时的狂喜使我们在幼年时期能够进行学习。

我们之所以构建关于这个世界的理论，似乎是为了获得解释，就像性爱是因为想要达到高潮一样。然而从进化的观点来看，这种关系是逆向的。性高潮确保了人们会不断去尝试性爱，从恍然大悟中获得的喜悦则确保我们会继续努力构建更好、更正确的世界理论。以正确的方式解释世界就像性爱一样，能赋予我们长期的进化优势。内驱力和情绪将这些长期优势转化为短期动机。所有人都会时不时受到这些认知情绪的驱使，科学家则在大部分时间里都受其驱使，而婴儿需要学习的东西如此之多，他们实际上一直难以逃离这些认知情绪的"五指山"。

对婴儿的研究使我们认识到，这个星球上的生物计算机在这一方面也不同于人造计算机：生物计算机不只是被动地计算、学习、推理和认知，这些行为受到了内驱力的驱使，而他们在这个过程中可以获得强烈的快感。

他人：天然的学习助手

人造计算机与生物计算机的另一个区别在于，不同生物计算机的程序能够产生相互影响，生来就是复杂社会网络的一部分。这对我们的学习方式产生了怎样的影响？孩子对世界的了解有多少是自己通过学习获得的，有多少是他人教会的呢？

对于孩子的父母，当然也包括已为人父母的本书作者而言，他们往往在一种狂妄自大的什么事都得靠他们的确定性与抑郁、崩溃的无助感之间摇摆不定。发展心理学的理论也是在这样的两极之间摇摆不定。有些理论低估了他人的影响。显而易见，毛毛虫理论就是其一。如果我们能够掌握的大部分知识都是基因蓝图发挥作用的结果，那么父母和他人就没有多少余地对我们的成长产生影响。皮亚杰的理论也倾向于低估他人的影响力。皮亚杰迫切地想要突出孩子在发展中的角色，从而淡化了成年人的作用。皮亚杰接管日内瓦大学卢梭学院后，更改了学院的标识。原先的标识是一个成年人领着一个孩子，而他把标识改为由一个孩子领着一个成年人。

另一方面，行为主义等其他传统理论倾向于将孩子的父母和其他照料者置于中心位置。[24] 孩子的成长是好是坏，一切全由他们负责。时至今日，这些观点依然具有吸引力，这或许是因为成年子女可以借此免于承担责任，把责任全部归咎于父母，成年父母也由此得到了一种权力感。

后天亦是先天

所有这些理论和争论都基于以下预设，即来自基因且由生物机理决定的“先天”知识与源于父母并由社会文化决定的“后天”知识之间，存在着深刻的分化。发展心理学的最新研究发现减少了这一差别。**与发生在我们身上的其他任何事物一样，孩子与成年人之间的互动似乎是自然而然并且根深蒂固的。**

举一个简单的例子，所有宝宝都可爱得令人难以置信。[25] 婴儿的可爱是一个根深蒂固的生物学事实，不论对宝宝还是成人来讲都同等重要。婴儿的可爱有一部分属于生理特征。婴儿典型的脸部特征是凸起的大脑门、大眼睛、小嘴巴和小下巴，这些特征能自动激发成人的积极反应。母亲都是以护犊子著称的，但这些特征不仅能博得母亲的爱，也能激发几乎所有人的爱意。可以设计出一种生物学家所谓的超常婴儿刺激，即将以上婴儿面孔的所有特征经过夸张处理得到一张虚构面孔。人们对这种形象的反应甚至会更加积极，认为他们超级可爱。

好莱坞在不知不觉中利用了这一事实。尽管外星人 E.T. 的外表看起来怪异而陌生，但这也是一种超常刺激，它具有夸张的婴儿特征。《星球大战》系列电影中的伊渥克人也是如此。婴儿的外貌和成人眼中的可爱特征相一致也是进化的结果。两者之间的协调促使成人为宝宝营造一个茁壮成长的环境。

然而，可爱并不全是指婴儿生理特征上的可爱。模仿也是其中的一个因素。我们看到，即使很小的婴儿也可以模仿成年人的表情。在电影《外星人 E.T.》中，无论是主人公小男孩埃利奥特还是普通观众，都被这个外星人可爱的脸庞瞬间吸引了。但直到外星人 E.T. 开始模仿埃利奥特的动作时，他们之间的情感纽带才真正建立。这种互动告诉埃利奥特也告诉我们，E.T. 是一个与我们类似的拥有心智的生物。

看到小宝宝模仿你的动作时也会产生类似的效果。刹那间，你俩合拍了、连通了，似乎合二为一了。这个奇怪的小东西似乎变得“可以理喻”了。但模仿不是你自己一个人就可以进行的游戏，必须两个人参与。

婴儿对模仿游戏的喜爱程度不亚于成年人。不仅婴儿会模仿成年人，成年人也会不自觉地模仿婴儿。比如妈妈把勺子放进宝宝嘴里时，自己也会张开嘴巴。此外，安迪还发现，当成人模仿婴儿的时候，婴儿是有意识的，他们很喜欢自己被模仿。[26] 早年的马克斯兄弟（Marx Brothers）① 的一项常规表演是，奇科（Chico）站在形似镜面的门框一侧，模仿格鲁乔（Groucho）的所有动作。

学习实验室
THE SCIENTIST IN THE CRIB

安迪从中受到启发，设计了一个实验。在这个实验中，一名成人充当婴儿的“人体镜子”。无论婴儿做什么动作，这位成人都会跟着做。当婴儿砸桌子时，他也砸桌子；当婴儿举起手臂时，他也举起手臂。作为对照，另一位成人则每次都做出与婴儿不同的动作，比如当婴儿举手时，他就砸桌子等。所有一岁大的婴儿都更喜欢注视模仿自己动作的那个成人。而且和格鲁乔一样，他们还会做出“测试性”行为。他们会做出一些奇怪的动作，然后看成人会怎么做。

我们前面讲到，单纯的生理上的可爱属于生物机理。同样，成人与婴儿都喜爱相互模仿，似乎也是生物机理使然。但是这两个现象之间存在一个耐人寻味的区别。对婴儿面孔的偏好似乎是由先天决定的一种本能，而婴儿的长相当然也是由基因决定的。然而模仿则会导致婴儿产生非基因决定的新的行为方式，使得他们的行为与身边的成人更相似。模仿是文化的原动力。[27] 通过模仿身边成年人的行为，孩子学会了在自己所处的特定社会世界，即特定的家庭、社会或文化中应该如何表现。他们能学会如何拉弓射箭，如何给洋娃娃穿衣服，甚至还能学会一些匪夷所思的文化仪式，比如每天早上用一个带齿的塑料片来梳理头发，以及每天晚上用硬毛刷子摩擦牙齿等。

---

① 美国早期的著名喜剧演员团体。奇科和格鲁乔是该团体成员，均为艺名。——译者注

婴幼儿也可以通过模仿来学习有关客观世界如何运转的新知识。在第 2 章中，我们描述了 1 岁大的孩子在看到成人用额头触碰一个盒子从而让盒子发光时，也会照着去做的现象。婴儿在看到成年人以特定的方式使用某种工具时，自己也会试着学习怎样使用这种工具。成人则通过模仿婴儿的行为并做出相应调整，来告诉婴儿正确的行为应该是怎样的。

模仿是婴儿向成人学习的一种内在机制，是一种文化本能。最近的研究表明，大多数动物都不会通过这种模仿的方式进行学习。

可以证明成人帮助婴儿学习是一种本能的另外一个例子是妈妈语。成人在和婴儿讲话时会下意识地说出这种特殊的语言。妈妈语能够抓住婴儿的注意力，婴儿似乎本能地喜欢听这种话语。而且妈妈语还能使语言的语音结构显得特别清晰。回想一下瑞典、英国和俄罗斯妈妈们各自发出的不同类型的元音，这些元音有助于婴儿了解自己母语的结构。婴儿似乎天生就可以下意识地运用这些信息去破解语音代码。正如模仿有助于孩子学习人们在特定文化中的特定行为方式一样，妈妈语显然也有助于孩子学习母语的特定语音。

妈妈语似乎能够教会孩子与人、物以及语言有关的知识。在与宝宝说话时，讲韩语的母亲会强调动作，而讲英语的妈妈则会突出客体。正如婴儿对声音的差异很敏感一样，他们似乎也对这些语言内容上的差异很敏感。讲韩语的婴儿似乎更注重行为，而讲英语的婴儿则更注重客体。成年人的语言似乎能够引导孩子获取关于这个世界的新认识。

关于他人影响的新研究有一个重要发现，即这些社会影响源自一般意义

上的他人，而不仅仅来源于母亲。一直以来，妈妈们都是研究关注的重点，原因在于养育子女的绝大多数实际工作都是由妈妈承担的。我们之所以使用“妈妈语”这个术语而不是“照料者语言”或者“儿语”，是因为除了“妈妈语”的发音悦耳之外，妈妈们是育儿主力军。谁都晓得，天底下的妈妈从来都没有从这份工作中获得任何金钱、名望或权力。我们觉得至少她们也应该从心理学家这里得到一点儿术语上的认可。

但是话说回来，所有我们发现的这些现象似乎都不是妈妈们所独有的，甚至不是成年人所独有的。任何与婴儿说过话的人都可能会和他们玩模仿游戏并使用妈妈语。安迪发现，除了模仿成人，婴儿也会模仿其他孩子。即使4岁大的孩子在和弟弟妹妹讲话时也会采用类似妈妈语的口吻。事实上，我们发现哥哥姐姐的重要性有时甚至超过了父母。与独生子女相比，有哥哥姐姐的孩子似乎能够更早地了解到自己与他人在心智上的差异。[28]

关于他人影响的第二个要点是，那些最重要的行为看上去几乎完全是无意的。父母并非刻意模仿宝宝或讲妈妈语，这只是自然而然的行为。我们对婴儿的本能行为与婴儿对我们的本能行为相结合，使得婴儿得以最大化地学习。

关于他人影响的第三个要点是，他人的影响与孩子自身的学习能力似乎是协同工作的。新生儿会模仿他人的面部表情，但只有年龄较大的婴儿才会模仿他人对物体施加的动作，比如用额头触碰盒子。婴儿不会模仿自己无法理解的复杂行为。3岁的孩子一开始会坚持认为自己之前说盒子里装了铅笔，即使你告诉他们错了，他们依然会这样坚持。在孩子能够理解你所讲内容的意义之前，他们不会接受你告诉他们的东西。他人并没有直截了当地塑造孩子的行为，父母并不是给孩子编程的程序员。因此，可以说是本能决定了他们能在正确的时间提供正确的信息，帮助孩子重新进行自我编程。

克林贡人与瓦肯人

儿童的知识之问反映了与一般知识相关的更广泛的问题。正如关于人类有多少知识属于先天具备，又有多少知识属于后天习得存在争论一样，关于个人和社会对知识尤其是科学知识的发展做出了多少贡献，也存在着广泛的争论。

起初，许多哲学家试图揭示科学家思考世界的理想方式。他们认为科学是一项运用逻辑过程来揭示真理的客观且理想化的事业。[29]但是当你看到真正的科学家是如何做实际的科学研究时，会发现这种崇高的理想似乎已经在混乱不堪的学术政治、知识分子的联盟与敌意，以及赤裸裸的野心面前化为乌有了。科学历史学家和社会学家表明，这与科学变革背后复杂的权力和影响网络有关。[30]真实的科学看起来更像《星际迷航》中野蛮的克林贡人的残酷阴谋，而不像以严谨逻辑闻名的瓦肯人斯波克。

由此产生了“后现代主义”科学理论。[31]这些理论认为，科学根本就不能揭示真理。所谓真理只不过是由一帮权力最大的科学家所决定的。这些理论似乎假定，只要科学变革牵涉到社会互动的影响，那么科学就无法接近真理。但是，这种虚无主义的答案不仅违背了直觉，也给我们留下了一个棘手的谜题。后现代主义者认为，科学根本无法揭示真实的世界。相反，它只是一个社会协议，一场精心设计的风俗喜剧，或是一场克林贡人的悲剧。然而如果是这样，那么科学解释为什么能够说服普通大众？更具戏剧性的是，我们又是怎样运用科学理论把火箭送上月球的呢？

如果科学家与孩子相似，那么他们就既不是哲学传奇中冷漠、理想化且逻辑严谨的瓦肯人，也不是后现代主义神话中身穿实验室工作服的残酷的克林贡人。一方面，社会学家认为科学是一项社会性事业，这一点没有错，因为人类天生就是社会性生物，所有科学成果的取得都离不开合作。另一方面，哲学家认为科学是一项讲究逻辑的事业，这一点也没有错，因为人类天生也是追求真理的生物，我们拥有强大的推理能力，这引导我们发现真理。

这是人类本性的两个方面，它们时而也会发生冲突，但大多数时候，尤其在童年时代，它们是协调一致的。婴儿主要依靠他人获得关于世界的知识，但这种依赖使得婴儿能够更好地理解周围的真实世界，而不是相反。与仅凭一己之力就能获取的知识相比，孩子靠这种依赖关系获得的知识更多、更可靠。孩子依靠他人将前人数千年所积累的知识传授给自己。孩子与照顾他们的成年人和其他孩子一起携手，走上通向真理的道路。

科学研究无非也是这样。与孩子一样，科学家既要依靠个人构建理论的能力，也要依靠共享知识的社会网络。与后现代主义的观点相反，科学家揭示真理的可能性并没有因此而降低，反而增加了。

人类在其他领域的探索活动也是如此。关于艺术和政治的争论和关于婴儿与科学家如何学习的争论是类似的。有人认为存在一成不变的普适艺术原则和政治原则，也有人认为特定的文化具有特定的艺术和政治价值。加入艺术或政治团体、融入文化传统显然很重要，无论是阁楼里孤独的艺术天才，还是孤独的英雄领袖，都与实验室里孤独的科学天才一样，只不过是传说而已。[32] 尽管如此，这也并不意味着强权艺术家和政治家能主观决定艺术价值、政治价值应该是什么。[33]

同舟共济

让我们回到最初的问题，看看孩子是如何做到快速有效地解决古老的知识之问的。为了找到这个问题的答案，我们将孩子视作特殊的生物计算机。这有助于我们以全新的视角了解孩子，认识到他们智力的复杂性。即便是最小的婴儿也已经在出生时便预装了解读世界的强大程序。

与此同时，这一视角还有助于我们以新的方式来审视计算机本身。婴儿与现实中的任何计算机都不一样。婴儿可以不断改写自己的程序。情感和内驱力促使他们积极地探索世界，从而学到更多知识。同时，婴儿也会从他人那里获得大量知识，而这些人天生就具备帮助婴儿学习的本能。

如果婴儿拥有这些能力，那么成人也应该具备同样的能力。当我们有机会像婴儿那样学习，尤其是当我们在做科学研究的时候，这种能力便会发挥作用。

婴幼儿研究为我们打开了一种新思路，让我们了解了成人如何逐渐建立对世界的认识，甚至还可以启发我们设计出能够像人类一样认识世界的新型计算机。虽然这一思路的细节还极其粗略，有大量工作等着我们去做，但是大致轮廓已经开始浮现。我们从表征世界着手，然后与周围的其他人一道对这些表征进行变更和修正。这个过程可以无限地持续下去。 无论是作为发展科学家的我们还是我们所研究的孩子，无论是作为父母的我们还是我们所挚爱的孩子，我们都是尤利西斯之船上的乘客。尽管前方的旅程常常充满狂风暴雨、千难万险，尽管我们难免也会感到沮丧和无所适从，但至少我们不能奢求更好的同伴了。

06 孩子的大脑如何工作

THE SCIENTIST IN THE CRIB

我们的思想、知识、知觉、预测、想法以及情绪，从根本上讲都取决于两耳之间那团重达1.5千克的颤抖着的灰色胶状物——我们的大脑。那么关于孩子的大脑，科学家已知了什么，又有哪些未知等待探究呢？

截至目前，我们已讨论的所有内容：我们的思想、知识、知觉、预测、想法以及情绪，从根本上讲都取决于两耳之间那团重达 1.5 千克的颤抖着的灰色胶状物。[1] 近年来，这团灰色胶状物成了人们关注的焦点：大脑突然变得迷人起来。这也表明大小和外貌有时并非那么重要。各种杂志文章层出不穷，描述学习的“关键期”，阐述婴儿大脑中的“细胞死亡和突触修剪”。每次帕特在演讲中谈及语言时，总会有观众问到相同的问题，比如：“如果现在我没有为孩子提供正确的语言经验，那么在晚些时候他的大脑是不是就无法吸收这样的语言经验了？”“为了阻止孩子脑细胞的丧失，我能做点儿什么？”

实际上，我们对心智发展的了解远远超过了对大脑的认识。有一种观点认为，大脑内发生的变化必定会导致我们的知识产生变化，比如大脑的某种生理变化使得孩子在 18 个月大时开始以新的方式理解事物。但反之亦然，是孩子学习到的新知识使大脑发生了变化。按照我们目前所描述的方法研究婴儿的心智，其实就是在研究婴儿的大脑，这也是目前我们掌握的研究婴儿大脑的最有效方法。了解心智有助于了解大脑，就像了解大脑有助于了解心智一样，甚至前者的成效要大于后者。事实上，神经科学家通过将大脑研究与我们已掌握的心智知识相联系，已经开始在理解大脑方面取得进展。[2]

还有一种观点认为，如果一个事物被编码于大脑之中，那么它必定是由遗传决定的。然而思索片刻后，你就会明白这是不可能的。所有经验必须首先对大脑产生影响才能影响我们的心智。毫无疑问，婴儿们不会通过大脚趾的改变来学习。神经科学技术已经取得了进步，能够向人们展示我们的大脑如何变化，变化有多大，以及有多少变化是由经验带来的。我们依然不知道上一章中描述的程序如何在生理上编码于我们的大脑之中，但对于成年人的大脑如何运作以及婴儿的大脑发生了多大变化，我们逐渐有了更多的了解。

成人大脑的工作原理

每次回想起读研期间在一家退伍军人医院神经科病房的工作经历时，帕特都会浑身哆嗦起来。星期四早上的时光特别难熬。这一天她不能吃早餐，因为早上 7 点整，神经科的病例研讨就开始了，她整个上午都花在研究近期的死者捐来的大脑组织切片上。在这些大脑中，有许多来自她研究过的语言障碍患者，也被称为失语症患者。[3] 研究的目标在于辨识出受损的大脑部位。

尤其令帕特记忆深刻的是一位出色的儿科神经外科医生，同时也是一位重度中风患者。他的智力依然很活跃，也能够用面部表情和手势进行少许交流，但他既不能说话，也不能理解与读写。他的语言能力丧失了，只会说“ta、ta、ta”。然后，在一个星期四的早晨，他的大脑被整齐地切成了毫米级的薄片，赫然出现在医院病例研讨对象之列。

解剖工作显示，成年人的大脑由高度专门化的部分构成。[4] 当大脑的某个特定部位受损时，患者便会失去一种特定的心理能力。对于惯用右手的人而言，左脑专门负责语言，右脑专门用于感知面孔与音乐，大脑的后部负责视觉。那位不会说话的神经外科医生的大脑左半球的一个特定部位受损了，大脑中未受损的部分让他可以正常地思考、感知和记忆，但受损的部分使他丧失了说话的能力。

所有这些工作都基于对死亡大脑的研究。死脑看起来不是很有活力。今天，新技术让我们能够研究活脑。这些技术揭示出的大脑专门化的方式是很不同的。解剖受损大脑的研究表明，要能够说、看或认出他人，大脑的某些区域必不可少。而活脑研究则发现，甚至每个单个的活细胞都会专门负责处理特定种类的信息。

在这些研究中，科学家们会“聆听”工作中的大脑。他们将一个极小的电极插入动物大脑的单个细胞中，这并不会带来痛苦。当这只动物看到物体或听到音乐时，电极就将细胞的活动记录下来。当一个细胞“喜欢”一种特定的刺激，比如这只动物正在看的图片时，细胞就开始产生电脉冲，这种电脉冲听起来就像静电干扰收音机发出的声音。电脉冲活动越强，声音便会越大。科学家们一坐就是好几小时，对这些细胞进行监听，了解它们喜欢看和听的东西是什么。

细胞对它们的响应对象极其挑剔。有些细胞只对面部有反应，有时甚至只对特定的面孔或朝向特定方向的一般面部做出反应，例如侧面的面孔。其他细胞只对特定方向的视觉运动或特定形状的物体做出反应。听觉皮层中的一些细胞能对特定频率的声音做出反应，并且调谐相当精确。其他细胞则对特定音量的声音或特定频率变化的声音做出反应，比如音高突降或骤增。甚至还有一些细胞，只有当动物做出特定动作或者当它看到另一只动物做出同样的动作时，这些细胞才会做出反应。若一个细胞听到或看见与之协调的刺激，就会引发一阵生物电活动，将信息传递给大脑的其他部位。[5]

以这种方式，细胞个体形成群组，激发运作，就像计算机中的电路一样。你可以将这些细胞看作一些装置，它们能够将感官信息转化为更抽象的范畴或符号。视网膜上的细胞能够对光产生反应，将视觉模式传递至大脑，就像视频图像一样。而大脑中的其他细胞能够对其中的部分模式做出有针对性的反应。这些细胞似乎在说“这是一张脸”或“这是一个移动的物体”。然后它们又把这些更为抽象的信息发送到大脑的其他部位。像这样的复杂细胞阵列可以让宝宝识别出特殊的面孔，或者认识到移动的物体不同于静止的物体，甚至明白自己的面部表情与他们看到的其他人做出的表情相似。

我们还可以用其他方法来研究人类活体大脑。神经科学家们已经开发出了新的技术，让我们能够对处于工作状态的大脑开展有效的研究。当一个人在思考时，这种技术可以拍摄出不可思议的照片，展示出大脑的不同区域被不同颜色“点亮”的景象。这些技术使我们能够研究有意识的活人大脑，我们可以一边观看他们的大脑活动，一边让他们讲述他们正在进行的思维活动。

这些新技术使科学家们能够对大脑的大面积区域开展整体研究，而非只针对一个单一的细胞进行研究，从而让我们能够观察大脑如何协同工作。这种技术可以向我们展示，当一个人忆起歌曲《昨日》(*Yesterday*)的曲调、听到一句关于世界职业棒球大赛的话、看到莫奈画的睡莲的复制品或者想起自己的母亲时，他的哪些大脑区域处于活跃状态。这些方法要么记录通过头皮传递的脑电活动，要么记录大脑在燃烧葡萄糖时的代谢活动。

你可以用脑电图（EEG）、事件相关电位（ERP）和脑磁图（MEG）从颅骨外追踪脑电活动。在这些实验中，被试戴着一顶装有 20 ～ 200 个不等的电极的巨大帽子——用于读取脑电波，这顶帽子有时候会被称为地狱中的吹风机。当帽子下面的人思考某件事情或看着一张特定的图片时，帽子便会将这个人的脑电活动记录下来。帕特甚至用这种方法对婴儿进行了实验。相比之下，实验中婴儿所戴的帽子很小、很柔软，就像婴儿软帽，帽子里只有 20 个电极，但它足以记录婴儿大脑多个部位的活动。帕特通过耳机为婴儿播放语音，然后进行测试。婴儿并不知道，当他们收听语音时，我们正在记录他们的脑电波。[6]

其他技术，如正电子发射断层扫描（PET）和功能性磁共振成像（fMRI），能更直接地监测大脑的活动。正电子发射断层扫描技术运用的原理是，相对于不那么活跃的大脑部位而言，大脑中更活跃的部位会燃烧更多的葡萄糖，正如与不太活跃的肌肉相比，更活跃的肌肉会燃烧更多的卡路里。在正电子发射断层扫描中，大脑被注入放射性葡萄糖，扫描过程追踪大脑的哪个部位正在燃烧这种葡萄糖。[7] 这项技术主要用于需要进行脑外科手术的患者，有助于识别手术过程中需要避开的重要部位。[8] 通过追踪血液流动与氧化作用，功能性磁共振成像技术也可以测量大脑中最活跃的部位。功能性磁共振成像技术不涉及注射，因而也适用于儿童。[9]

与在大脑外部进行记录的方法相比，这两种技术在揭示大脑活动方面更直接、更详尽。当被试在做不同的事情，比如聆听声音、观看图片或者只是思考时，我们可以看到他们大脑的哪个部位正在工作。扫描结果显示，在思考不同的事情时，大脑的活跃区域也不同。如同我们根据受损死脑的研究做出的预期一样，语言激活了大脑左半球，面孔激活了大脑右半球，而视觉图像则激活了大脑的后部。

新研究也揭示了大脑不同区域之间错综复杂的相互作用，以及随着时间的推移，在我们进行看、听与思考时，这些交互作用如何逐渐呈现。在我们获得任何特定体验时，大脑的不同领域都是协调运行的。当你看到一头奶牛哞哞叫时，你的视觉区域点亮并记录下了奶牛黑白相间的颜色；在你听到叫声并想到“这是一头奶牛”时，你的听觉和语言区域便点亮了；当你想到牛奶，想起奶牛和牧场的气味时，你的味觉和嗅觉区域便点亮了。就在一刹那间，大脑将刺激物进行拆解，然后又将其重新组合起来。[10]

在所有这些研究中，我们发现，成年人的大脑是一种高度专门化的装置，会针对特定种类的刺激做出反应。大脑的特定部位乃至个体细胞以特定方式响应来自外部世界的信息，将该信息发送到大脑的其他部位。从这个意义上讲，大脑就像一台传统的计算机。然而，大脑也是一个动态而活跃的系统。大脑的各个部位始终处于相互作用之中，通常情况下，即使处理一个简单的信息也需要大脑的许多部位，当然也包括许多细胞的同时参与。与大多数计算机不同，大脑没有专门用于做出所有决定和储存所有信息的区域。

依据经验不断重新布线

这些专门化的结构都是怎么来的？当然，所有这些可能在生命之初就已内置好了。这相当于是神经学版本的关于心智的毛毛虫基因蓝图理论。有些结构显然是先天的，但大脑似乎也会伴随新经验的获得而发生彻底的变化。随着大脑研究技术的提升，这一点已经越来越明显了。我们曾经以为大脑物理结构的发育遵循固定的时间表，几乎不受婴儿期经验的影响。如今我们发现，并不存在某个基因蓝图——遵照时间表指挥大脑发育过程中的里程碑事件有条不紊地逐个发生。[11]

我们当前拥有的电子计算机只有在制造完毕后才能运行。人们根据非常具体的示意图，将芯片和电路组装成计算机。当所有元件都被焊接在一起后，我们才第一次打开计算机，然后计算机就开始工作了，至少我们希望如此。我们在使用计算机时，它的硬件不会发生任何变化，就如同我们在打开圣诞树上的开关后，圣诞树上的灯会亮起来一样，但圣诞树上的线路不会因此发生改变。

然而，人脑的工作方式却大不相同。即使在开始工作后，大脑也会不断自行重新布线。大脑中所铺设的线路深深地依赖于经验。经验从一开始就在改变着大脑。婴儿的所见所闻，乃至尝到、闻到、触摸到的东西，都会影响其大脑的布线方式。[12]

假设你桌上的计算机能像大脑一样工作，那么你让它工作的时间越久，输入的文字越多，它的文字处理能力就会越强。如此一来，在使用它几年之后，如果你需要写一本书，可能只需要输入“孩子如何学习”，剩下的工作就可以交给它来完成了。真希望如此啊。如果真是这样的话，那么几年后，如果你将这台计算机拆开，会发现与最初买来时相比，它的芯片和电路的排列方式已经全然不同了。

因为我们实际上参与了自己大脑的构建，而且每个人都有独特的经验史，所以每个大脑都是独一无二的。最终，成年人的大脑变成了一个拥有特殊连接的复杂结构。

据估计，一个成年人大脑中的连接数量高达 1 000 万亿。你特定的大脑连接模式，也就是你大脑的接线图，将你定义为个体的人。这就像我们每个人都有自己定制的完全独特的程序，比如“帕特·库尔 99”和“艾莉森·高普尼克 43.5”。在阿尔茨海默病中，这种连接密集的结构被解开，大脑的心智能力逐渐衰退，作为独特个体的人也不幸开始衰亡。[13]

学习实验室
THE SCIENTIST IN THE CRIB

大脑这一特征最具戏剧性的证据来源于动物研究。在 30 年前的首批研究中，神经科学家们发现，与在实验室的笼子里单独喂养、没有玩伴与玩具的大鼠相比，那些在“丰富”的环境中长大的大鼠，因为有转动的轮子可以玩，有梯子可以爬，有其他同伴一起游戏，使得它们的大脑逐渐变得更为厚实。当单独喂养的大鼠被置于有玩具与玩伴的笼子里两星期后，其大脑中负责感官知觉的区域增厚了 16%。[14]

拥有较厚大脑的大鼠也更加聪明。与大脑较薄的大鼠相比，它们跑出迷宫、发现食物的速度更快。在被剥夺环境中生活的大鼠的大脑变小了。这甚至对下一代也有影响：与那些生活在单一环境中的孕鼠相比，生活在丰富环境中的孕鼠产下的幼鼠拥有更厚的大脑皮层。

需要指出的是，在这个实验中，实验室里的所谓“丰富”环境实际上更像是野鼠生活的正常环境。纽约市下水道里生活的老鼠若要求得生存，需要找出最美味的垃圾、与其他老鼠交战和交配、聪明地避开灭鼠药。这可能不是一种很美好的生活，但肯定相当刺激。因此，与其说研究表明额外刺激使大鼠大脑更厚，不如说研究证实了更为正常的环境能够比受剥夺的环境催生出更厚实的大脑。婴儿似乎也是如此。

新的科学研究并没有指出父母需要给孩子们提供超越他们日常生活经历的“丰富”体验，但这些研究的确表明，极度贫乏的环境会给孩子的发展带来损害。

其他一些实验则表明，经验的作用可能会更加精确和具体。在一个经典实验中，诺贝尔奖获得者大卫·休伯尔（David Hubel）和托尔斯滕·威塞尔（Torsten Wiesel）选取一些刚出生的小猫，将它们的一只眼睛蒙上。这些小猫做着一切正常小猫都会做的事情，但只能用一只眼睛看东西。几个月后，科学家们将蒙住小猫眼睛的遮挡物取掉，然后研究小猫的两只眼睛与大脑之间的连接。令人惊讶的是，如果遮挡眼睛的时间超过一定长度，那么小猫的这只眼睛基本上相当于瞎了。尽管从视觉的角度来看，小猫被蒙住的那只眼睛是完全正常的，但是它与大脑之间的连接是断裂的。[15]

实际情况是，小猫的大脑从这只被蒙住的眼睛中得不到任何刺激，于是进行了重新布线，只从另一只未被蒙住的眼睛接收信息。在这个过程中发生了一次交接，大脑相应部位的所有脑细胞都被那只未被蒙住的眼睛接管了，而与那只被蒙住的眼睛失去了联系。

这种早期的动物研究证实了一个重要的观点：大脑可以根据个体经验的

变化进行物理扩张、收缩与变化。为了解释其中的原因，现代神经科学做了长时间的努力。

让神经元充分连接：收到请回答

一个成年人的大脑有大约 1 000 亿个神经细胞或神经元，这个数量与银河系中恒星的数量相差无几。婴儿的大脑中包含了人一生中该有的大部分神经元。从出生到 65 岁之后，每个人大脑的神经元数量几乎保持不变。但新生儿大脑的重量只有成年人大脑的 1/4。那么在大脑发育的过程中，增长和变化的都是什么呢？

神经细胞会生长，这是导致差异的一部分原因，但在绝大多数情况下，发生变化的主要是布线，即细胞之间错综复杂的连接网络。这些连接能够使个体细胞以特定方式对其他细胞做出响应。例如，这些连接能使得大脑皮层中的个体细胞只有在视网膜细胞向其发送面部图像时才会做出响应。

大脑的这种复杂布线取决于我们的活动和经验。可以这样想，由于细胞生长在大脑的不同部位，为了互相施加影响，这些细胞必须相互对话。然而从神经元角度来看，细胞之间相距遥远，沟通的过程障碍重重。当我们想和远方的人交谈的时候，该怎么办？我们必须建立远距离连接，比如打电话。神经元所做的工作就如同搭建电话线，使这些神经元可以相互沟通、相互影响。这些神经元会自然而然地生长出与其他细胞的连接，而不是像计算机那样被动地等待技术人员来将它们连接起来。

新技术使神经科学家们能够在大脑胚胎发育的早期对脑细胞开展深入的研究，大脑的原始布线就在这个时候完成。这项研究表明，大脑布线呈现

“活动依赖型”，即脑细胞通过发送脑电信号建立联系。早在出生之前，胎儿的脑细胞就已经会自动激活，发出一阵阵的电流，试图在彼此之间传递信号了。科学家们将这种发现比作对一部电话进行自动拨号。细胞群一波接一波地发送信号，试图与其他细胞建立连接。同一时间激活的细胞彼此之间也会产生连接。神经科学家们钟爱的一句话是：“一起激活的细胞也一起布线。”[16]显然，即便是细胞，也想要与那些回应自己的细胞保持联系。

在我们出生后，随着经验不断涌入所有的感官，细胞继续尝试在彼此之间建立连接。要完成这样的壮举绝非易事。例如，眼部的神经细胞必须连接到视神经，并最终一直连接到大脑后部的视觉中枢。为了顺利抵达目的地，这些细胞还必须绕过负责听觉和触觉的大脑中枢。这如同在特定城市的特定家庭之间串起电话线一样。这种细胞成长和连接的模式并不是完全随机的，然而也远非由基因预先决定。动物研究表明，有些指令是由基因设定的，好比城市之间铺设的电话基础干线。视网膜中的细胞确实会将连接发送到大脑后部的视觉区域，而不是大脑两侧的语言中枢。但除此之外，大脑布线还取决于活动。这就好比虽然基础干线是预先设定的，但从一个房子到另一个房子的具体连接则有更多的要求。

随着细胞互发信号，细胞之间铺设了更多的永久性连接。就好比如果你用手机打电话给邻居的次数足够多，你们两家的房子之间便会自发地长出一根电话线一样。起初，这些充满活力的细胞试图与尽可能多的其他细胞进行连接。它们就像电话推销员一样，给所有人打电话，希望有人会接听电话并接受推销的产品。当另一个细胞确实做出了回应，并且回应的频率足够高时，一个更加永久性的连接就建立起来了。[17]

大脑细胞的使命就是建立这些永久性的连接。随着脑细胞的逐渐成熟，它会发送出多条支路，试图与其他细胞取得联系。一些称为轴突的支路将信息从细胞中发送出去，而另一些称为树突的支路将信息发送到细胞中，脑细胞的目标就是将一个细胞的轴突连接到另一个细胞的树突上去。两者之间的这种连接称为突触。当轴突抵达树突时，一种特殊的通信方式便建立了，叫作神经传递。当两个神经元形成一个突触时，化学物质就可以在它们之间流动，该连接便得以完成，沟通从此畅通无阻了。[18]

因此，大脑中的突触是细胞相互交流的长期连接。也就是说，突触的数量可以让我们大致估算出婴儿大脑布线的程度。活动中的神经细胞就像活动中的肌肉一样，需要燃烧燃料。通过测量大脑中的葡萄糖代谢量，我们就可以估算出在发育的不同阶段有多少突触在运行。

孩子的大脑比成人的大脑要繁忙得多。3 个月大的婴儿的与视觉、听觉和触觉有关的大脑部位正在燃烧越来越多的葡萄糖。到 2 岁左右，其大脑的能量消耗就完全达到了成人的水平。到 3 岁大时，这个孩子的大脑活跃度实际上是成年人大脑的 2 倍，这种活跃度会一直持续到这个孩子成长到 9 岁乃至 10 岁时。在此之后，孩子的大脑活跃度开始下降，但直到 18 岁左右，其大脑活跃度才降低到成人的水平。

在这些喧闹活动的背后，大脑正在忙于建立连接。新生儿出生时，大脑皮层中的每个神经元都含有大约 2 500 个突触。突触的数量在两三岁时达到顶峰，此时每个神经元含有约 15 000 个突触，这实际上比成年人大脑的突触量还要多。准确地说，与成人的大脑相比，学龄前儿童的大脑更加活跃，联系更紧密，同时也更灵活。从神经学的角度来看，他们确实是外星天才。

突触修剪：大脑擅长断舍离

随着年龄的不断增长，这些连接会何去何从？大脑并不只是稳定地建立越来越多的连接。相反，它们建立的连接远远超出了大脑的需求，因此许多连接后来被清除了。事实证明，删除旧连接与增添新连接同等重要。承载最多信息的突触变得更强壮，因此存活了下来，而比较弱的突触连接便被剪除了。[19]

这个过程就像修剪果树或为天竺葵打顶一样。阻止一些枝叶的生长会促进其他枝叶的生长，改变植物的整体结构。通过修剪未被使用的连接，大脑可以使常用的连接更为强大。经验决定了哪些连接将被加强，哪些将被修剪：激活频率最高的连接才会被保留下来。在孩子 10 岁左右到青春期之间，大脑会无情地摧毁薄弱的连接，只保留那些被经验证明有用的连接。

帕特的听众所担心的大脑连接“丧失”实际上是一件非常好的事情。它使得高度专门化的成人大脑能够很好地适应特定环境。人的大脑十分灵活，具备神经科学家们所说的可塑性。连接和修剪的过程使大脑得以适应周围环境。这就是我们的祖先可以在大草原和森林中生存的原因，也是我们能够在现代丛林中生存下去，甚至我们的子孙能在外太空中生存下去的原因。

大脑中的这种生理发育和修剪循环可能与我们之前所描述的儿童知识的变化有关。还记得在生命的第一年中言语语音辨识发生的变化吗？刚出生时，作为世界公民的婴儿的大脑能够辨识所有语言性声音之间的微妙差异。但是为了习得一门特定的语言，婴儿的大脑必须发育出一种能够突出母语中的差异而忽略其他语言差异的结构。

婴儿早期的活跃连接使得他们辨识出这些声音成为可能。但是紧接着，特定语言中的特定词汇和句子涌入婴儿的大脑中。当大脑在处理这些声音时，婴儿感知声音的方式得到了重组。可能的原因是，大脑修剪掉了永远不被使用的连接，创建并强化了常常被激活的连接。显然，在我们与 3 个月大的婴儿一起游戏，来回咕噜咕噜地说话，发出一些没有意义的声音同时说出成百上千遍“咿咿呀呀”的时候，我们正在改变婴儿的大脑。

学习实验室

THE SCIENTIST IN THE CRIB

有一些实验结果证实，婴儿聆听声音方式的变化与他们大脑的变化有关。在一项事件相关电位研究中，实验者给婴儿戴上了装有电极的婴儿帽。在发育早期，这些婴儿的大脑对来自母语或外语的原型声音的反应没有差异。但在几个月后，当这些婴儿听到母语的原型声音时，左脑表现出了独特的大脑活动模式。当婴儿开始学习母语后，他们的大脑出现了生理性的变化。[20]

在其他一些事情中我们也可以看到同样的过程，只是它们更加抽象，比如改变一个理论既包括增加观点之间的新联系，也包括摒弃先前的错误观点。

尽管我们曾经做好了学习一切，或者至少是学习很多东西的准备，但是随着年龄的增长，我们开始慢慢专注于某些事物而不太能够去学习新的东西，更多地固守自己的老一套。但与此同时，我们的技巧变得更为娴熟，能力也变得更强，我们可以更快、更轻松地完成我们所能做的事，从说话、阅读，到系鞋带，再到书写等。一遍又一遍地购买同款黑色连衣裙可能看起来缺乏想象力，但这可能真的是我们在知道什么样的衣服适合自己之后做出的决定。

这是一种难得的智慧，是在我们付出了代价，如在我们把整柜子的石灰绿紧身长裤和亮粉色背心捐给慈善组织之后才学到的。

大脑似乎比我们中的大多数人更善于清理不用的东西。它会丢弃没用的东西，留住有用的部分。

> **修剪过程使成年人大脑比婴儿大脑的专门化程度更高，使特定的活动更加局限于大脑的特定区域与脑室。正是这种专门化的结构使我们能够做成年人可以做的所有事情。**

然而即便到了成年，建立新连接、剪除旧连接和生成新的脑细胞的过程仍在持续。[21] 这个过程让我们能够记住新事物，忘却旧事物，学习如何做新的事情以及想出新的点子。即使人过中年，我们偶尔也会发现，其实新裙子比旧裙子好看得多。我们也希望，即使像阅读本书这样的活动也能够让你删除一些旧的连接，创建一些新的连接。

神秘的关键期是否存在

所有这些研究结论都与以下观点一致：**童年是最有成效的学习时期，也是大脑和心智最容易接受新经验的时期。**我们看到，这也是发展心理学研究呈现的画面。儿童永远都在进行探索和尝试、在学到新知识后验证新理论以及改变旧理论。虽然这个过程在成年后并没有停止，但速度无疑是放缓了。

然而，有些研究人员也提出了这个观点的加强版。他们认为，只有在很短暂的机遇期内，婴儿的大脑才会接受某种特定的体验。这就像大脑里有一扇门，只在一段特殊的关键期内敞开，经验快速通过这扇门进入大脑，然后门就突然“砰”的一声关上了；或者好比大脑就是一个银行，但是存款时间只能在下午 5 点前，到点后出纳员的柜台窗口就关闭了。这个观点认为大脑只有在这个关键期内才会学习。

这些关于大脑发育和经验的时机问题不仅对神经科学家来说十分重要，也对现实生活产生着实实在在的影响。如果孩子在上学前没有听到正确的言语，他们是否能学会正常说话？如果孩子在缺少爱的环境中长大，那么在情感上他们会对生活感到恐惧吗？

所有人都同意，在发展早期发生的神经塑形是独一无二的，深深影响着以后的发展。问题是：是否存在一个特定的“时钟”决定什么时候经验是有用的。学习机会的时限性有多严格？

事实上，有很多来自动物的例子说明，必须严格把握经验的时机才能让经验发挥影响，就像有个生物钟一样。时机一过，生物钟就会响起，大门会砰地关上，而经验也不再有效。[22]

学习实验室

THE SCIENTIST IN THE CRIB

实验者们试着给各个年龄段的鸟类播放鸟儿歌唱的磁带。白顶雀学习歌唱的时间窗口是 20 ～ 50 天大时，只开放 30 天。如果一只雄鸟在这段时间没有听到正确的歌曲，就无法正常地歌唱，也不能吸引伴侣并繁殖，而过后再听这首歌是于事无补的。学会歌唱对雄鸟来说非常重要，它的外表、财富和权力都体现在一组鸟鸣中。

另一个戏剧性的例子来自我们之前提到过的研究，该研究表明，要在两只眼睛和大脑之间布线，需要经验来发挥作用。休伯尔和威塞尔发现，小猫的眼睛必须在特定的时间段，即出生后的30～80天内接受信息输入。如果在此期间眼睛未被蒙上，眼睛就与大脑正确地连接。如果小猫的一只眼睛在那个时期被遮住，在80天之后才去掉遮蔽物，则为时已晚：另一只眼睛已经接管了全部视觉任务，剩下的那只未使用的眼睛在小猫的一生中将永远失去视觉。

虽然这些关键期的例子似乎与生物钟有关，但新发现表明，在另一些案例中，还有其他因素可能也在发挥作用。在这些例子中，早期经验也会产生持续的深远影响，但新观点认为，关键期并非完全是由生物钟支配的。终结这段灵活学习时期的因素并不仅仅来自变成熟的过程。

相反，也许是经验本身改变了我们的大脑，使我们以某种特定的方式去感知和解读世界。一旦神经开始布线，以任何不同的方式来阐释世界都会变得很困难。一旦我们拥有了一个有效的表征，且随着能够证实这个表征的实例逐渐增多，要去改变这个表征也就变得愈发困难了。如果我们确信某件事情是真的，就不太可能愿意甚至也没有能力去改变对这件事的想法，这一点似乎也适用于我们的神经表征。传统观点和新观点都认为，人们在一个年龄段比在另一个年龄段更容易学习。两者的关键区别在于，这究竟是由于生物钟还是我们已经发育的大脑结构。

在语言学习领域，这两种解释正在经历激烈的争论。一些科学家认为，人类的语言习得存在一个关键期，即人类有一个生物钟，在一定时限后某些能力会丧失。关于这一观点最具戏剧性的证据来自那些创造出了“野生儿”

的可怕的天然实验，这些孩子在生命早期没有听到任何语言。[23]

30 年前，社会工作者发现了一个名叫吉妮（Genie）的 14 岁加州女孩。在吉妮生命中的大部分时间里，她的父亲把她绑在了一间小屋里的椅子上，让她与外界隔离。如果吉妮发出的声音稍稍响一点儿，她就会遭到殴打。即使在得救后，吉妮似乎也不能习得正常的语言。但是吉妮在惨绝人寰的虐待中经受了各种各样的苦难，因此很难确定影响她语言发展的确切因素是什么。[24]

其他一些不那么悲惨的证据也证实了这个观点。与童年时期相比，大多数人在后期学习第二语言要困难得多。移民可能会试图学习新国家的语言，但最后被自己的孩子甩出很远。当我们在国外做短暂停留的时候，我们依然在痛苦地啃着短语手册，而我们的孩子似乎已经能够在操场上和其他孩子愉快地聊天了。如果在青春期之后学习第二语言，我们说话会带有外国口音，也就是说，我们的发音中会有不符合新语言的语音、语调和重音模式。[25]我们要理解口语语音和语法也会更加艰难。青春期似乎是一段非常重要的时期。对于一位 18 岁以后只讲英文的移民而言，他直到晚年说话仍可能带有严重的口音；相较而言，一个 4 岁就移民到新国家的孩子讲话可能不会带有任何口音。[26]

在 3 ～ 7 岁学习第二语言的孩子，在各种考试中的表现都和母语人士一样出色。如果在 8 岁之后学习，他们的表现会持续性地变差，这种情况在青春期尤为显著。如果你在青春期之后学习第二语言，表现一定比小孩子差，且你的年龄和语言能力不再有任何关联：20 岁的人在语言考试中的表现并不比 40 岁的人好。甚至简单的语音辨识也是如此，比如帕特的日本同事试图辨别和发出英语中的 /r/ 和 /l/ 时也是这种结果。

为什么随着年龄的增长，学习一门新语言会变得更难？关于关键期的传统研究认为，时间是重要的变量。在青春期到来之前，如果你还没听到过英语中 /r/ 与 /l/ 的发音，以后就都不能对它们进行正确区分了，就如同 50 天后无法学会歌唱的小鸟和 80 天后就会变盲的小猫一样。[27]

另一种观点认为，学习本身发挥了作用。正如我们之前所见，在早期接触到某种特定语言的婴儿会构造描述该语言声音系统的表征，即原型。发展这些表征会影响婴儿的言语感知，这些表征使得一些声音彼此不可区分。在发展早期，我们可以学习许多不同语言的原型。但是到了青春期，声音的心理表征已经形成且固定了，这使得感知一门外语的语音差异变得更为困难。我们已经拥有的表征会妨碍新语言表征的形成。

如果是这种干扰使得成年人无法很好地学习语言，那么我们或许可以通过创造能够避开干扰的信号来解决这个问题。[28] 我们之前所描述的有关阅读障碍儿童的研究表明，这种做法可能是有效的。[29] 有阅读障碍的学龄儿童难以区分语音之间的差别，如 /b/ 和 /d/，而且他们也面临着一般的语言问题。一些研究表明，如果帮助这些孩子将声音类别加以区分，那么他们的语言学习将会有所改善。孩子在听了由计算机处理从而夸大了声音之间差别的语音后，表现提升了。在某种程度上，这些患有阅读障碍的孩子在治疗研究中所听到的夸张言语很像妈妈语，即成年人对宝宝说话时使用的一种话语。[30]

这就提出了一种可能性，比如我们可以让日本成年人去听将 /r/ 与 /l/ 两种类别语音之间的区别做了夸张处理的言语，从而帮助他们学习英语。夸大的言语可能会帮助讲话者避开已建立的日语表征带来的干扰。可以这样说，即便是成年人，也可以从聆听妈妈语中受益。

环境和他人对学习的巨大影响

有关大脑可塑性的最新研究惊奇地发现，社会因素可以显著地改变动物的学习方式。我们已经看到，在出生后 20 ～ 50 天内，白顶雀通常可以通过磁带录音学会自己物种的鸟鸣。然而，如果个体处于正确的社会环境，这个关键期并不是十分僵化的。如果这些麻雀在出生 50 天后能接触到现场导师的指导，有一只真正的白顶雀在它们面前放声歌唱，那么它们依然能学会歌唱。与其他鸟儿互动有助于幼鸟学习。

事实上，一些鸟类需要社交刺激才能学习。[31] 例如，斑胸草雀通过磁带学习歌唱的效果欠佳，必须与邻近笼子里的导师互动才能学会它的鸣声。如果只是听到导师的歌声，它们也学不会歌唱。其实即使在看不见导师的情况下，只要斑胸草雀幼鸟能像普通鸟宝宝和鸟爸爸那样与导师进行正常的互动，就依然可以从导师那里学会歌唱。斑胸草雀不会玩抛接球的游戏，它们会相互啄羽，能在黑暗中找到彼此。斑胸草雀能从喂养它的孟加拉雀“养父”那里学会孟加拉雀的“外语”歌曲，即使它听到其他雄性斑胸草雀就在不远处唱着它的母语歌曲也是如此。至少在某种程度上，斑胸草雀似乎拥有所罗门的智慧：真正的父亲不仅仅是与你拥有相同基因的人，而是所有能与你分享生活的人。

那么婴儿呢？他们是否必须与他人互动才能学习语言？婴儿是否可以仅仅通过录音机或电视机学习语言？显然，我们不能将婴儿与其父母分开，然后去观察会发生什么。然而，当婴儿沉迷在与他们所爱的人忘乎所以的对话中时，他们就显得那么投入、专注和快乐。这或许也是他们学习速度如此之快的部分原因吧。

乘着尤利西斯之船前行

新的大脑研究呈现的画面与心理学研究的发现是一致的。显然，在婴儿出生的时候，很多神经结构已经就位。同样明显的是，大脑在生命头几年中会发生巨大的变化，而且这种变化是伴随经验的变化而产生的。换句话说，大脑在不断地学习。这种学习不是被动的，大脑主动地尝试建立正确的连接，剪除用处不多的连接。大脑会自我重新编程。

此外，通过学习获得的表征影响着大脑对新经验的处理方式。经验使大脑发生变化，而正是这些变化改变了新经验影响大脑的方式。发展的时序看起来尤为重要：早期选择的路径可能会深刻地影响到后期有哪些路径可选。

他人也可能对大脑的塑造方式起到特别重要的作用。甚至连鸟类的大脑也似乎天生对其他鸟尤其是喂养者发出的信息十分敏感。人类大脑中有如此多的部分致力于加工语言和理解面孔，这表明对我们来说，来自“同种个体”的信息更为重要。换句话说，大脑似乎十分喜爱向他人学习。

大脑研究也证明了婴儿具有极强的远超成人的学习能力和学习动机。结合心理学和神经学证据，你难免会得出婴儿确实比成人更聪明的结论，至少当我们把聪明定义为学习新知识的能力时是这样。

作为成年人，我们的优势恰恰来自我们曾经也是婴儿这一事实。我们在婴幼儿时期已经建立了一套心理机制，这是一个高度专门化的机制，它经过精细调准，运转顺畅，使得我们能够做到婴儿做不到的各种事情。

安迪和艾莉森曾经提出过一些科幻构想。在某个幻想的世界里，我们可以运用某种方法将科学家的全部知识瞬间传授给孩子们，然后静静看着他们用半年左右的时间解决我们面临的那些最棘手的难题。在另一个幻想中，那些伟大的天才科学家之所以出现，是因为他们在婴儿期的发育过程中发生了突变：他们保留婴儿期大脑的时间比常人更久。当然，这些想法不过是幻想，但其中也有部分真实的成分。我们将一代人的发现传递给下一代人的能力，即文化这个工具，也有助于孩子们成为如此神奇的学习者。而作为成年人，我们至少有时也留存着孩子般的学习能力。

尽管我们可能不像孩子那么聪明，但有新的证据表明，我们可能比自己想象的更加聪明。我们之所以学到的有限，可能是因为我们已经学到了很多。无论是从字面上来看，还是从隐喻含义上来讲，我们在儿时所获得的“布线”会告诉我们需要知道的大部分东西。大多数情况下，这种布线的优异表现令人惊叹，而我们自身被设计的方式也使那些奏效的程序很难改变。然而即使作为成年人，当我们在面对新的问题、意外的环境或不寻常的信息输入时，似乎也能够再次改变布线。

与知识一样，大脑本身似乎与我们在上一章中讨论过的尤利西斯之船十分相似。随着大脑不断对周围所发生的事情做出响应，各种变化在大脑中上演。此外，在航程早期发生的变化可能决定着后期将发生的变化。如果我们在最初决定把桨改造成桅杆，那么后期便无法再把桨当作锚来使用。最大的修改似乎在早期已经完成，而随着航行变得越来越平稳、船的运行越来越高效，我们需要做出的改变也就越来越少。但我们永远不会停止修修补补。大脑会一直保持忙碌的状态，直到旅途的终点，也就是我们的身体与大脑最终成为神经科学家显微镜下的永久切片之时。

但即使到那个时候，我们的知识之船仍未抛锚，而成了我们留给孩子的遗产，轮到他们对这条船进行改造与重塑。毕竟我们的大脑已经与孩子们的大脑相互连通，虽然两者之间的连接靠的不是电力，而是歌曲、言语和面容；两者之间的信息传递靠的也不是突触，而是光线、声音和爱抚。即使在我们变成显微镜下的切片之后，我们之间的联系依然不曾断裂。

07
科学给出的答案

THE SCIENTIST IN THE CRIB

孩子是最聪明的，他们知道自己需要学习什么，而且在获得所需信息方面非常有效。孩子的内在机制促使他们去了解周围的现实世界，他们通过把玩真实世界里的事物来学习，最重要的是，他们通过与关爱他们的人一起游戏来学习。

不是完全的遗忘，

亦非浑身赤条，

而是曳着荣耀之云，我们来了……

——威廉·华兹华斯《咏童年往事中的永生的信息》

我们能为孩子做什么

1997年3月的一天，帕特正在打电话，这时秘书递给她一张便条，上面写着："1号线路，白宫打来的。"于是她停下来接了这个电话。克林顿夫人的秘书邀请帕特在1997年4月的白宫会议上发言，主题为"早期学习与大脑"。早期发展问题在当时已经成为一个十分热门的政治话题，克林顿总统夫妇为此专门召开了一次会议。在会议上，包括帕特在内的6位专家汇报了0～3岁婴幼儿大脑和心智的最新研究成果。这次会议引起了大量的媒体报道，一时间杂志封面、新闻节目中全都是萌宝的照片和影像。咨询和重印请求，以及报纸、杂志和电视采访纷至沓来，帕特的办公室门槛都要被踩烂了。[1]

我们应该告诉总统些什么？或者说，我们应该告诉那些打电话询问如何与孩子交谈的父母些什么？这本书就是针对这些问题的一个回答。有大量的科学研究需要汇报，其中大部分是相当容易理解的。那些关心孩子成长的人应当获得在科技期刊和报纸咨询专栏之外的地方读到有关发展科学的知识的机会。然而要把科学研究转化为政策决定并非一蹴而就，不论是小到被可怕的 2 岁孩子搞得焦头烂额的父母，还是大到白宫的政策制订，情况都是如此。[2]

养育孩子本身是一项十分困难的工作，充满了不确定性，科学无法真正解决。对于大多数父母来说，没有什么比孩子的幸福更重要。生活中值得付出生命的事情不多，但是我们可以为了孩子牺牲生命。而且毫不夸张地说，我们确实为他们付出了生命。我们 15 年或者 20 年如一日，将每天的精力、个人自由、收入、注意力和关怀全都倾注于孩子身上。没有任何别的人类经验能与这样的付出相提并论。

然而，所有这些严肃与奉献，这一高尚的目标，却伴随着一种深刻的甚至是必要的失控。父母没有权力，只有责任。母亲和父亲受到无数意外的支配，这些意外事件包括：随机基因混合形成的孩子的气质和能力、这些气质和能力如何与父母的气质和能力产生交互、孩子童年期父母的生活状况，以及社会给孩子提供了怎样的成长环境。

相比于责任，我们所能控制的相当有限，这一点还有更深层次的意义。毕竟我们养育孩子的最终目的是培养一个自主的主体，这个主体可以离开我们，可以自主选择犯下严重的错误，让自己的生活极度悲惨。这就好似哪怕知道你深爱的对象会在 20 年后离开你并移情别恋，而且你的工作正是让爱人有一天离开你去爱上别人的原因，但你依然选择义无反顾、毅然决然、忘乎所以地坠入爱河。

最好的结果是，我们的孩子最终会成长为正直、独立的成年人，用困惑和容忍的感情来看待我们，但是想要他们继续给予我们婴儿期时的那种充满激情的依恋将是一种病态的想法。我们所做的关乎孩子抚养的每一个艰难决定和迈出的每一步微小步伐都是有关如何放弃而不是增加控制权的，是让出权力而不是获得权力：我应该让他独自过马路吗？他可以走路去学校吗？我应该检查她梳妆台的抽屉吗？

因此，父母们既感到非常需要指导又觉得十分矛盾的这种情况，也就不足为奇了。我们希望有人能告诉我们该怎么做，但另一方面，我们又不希望有人对我们指指点点。

各种各样的庸医、骗子和恶霸们也乐于提供建议，而且还经常援引科学权威观点，这也就不足为奇了。“专家”对妈妈们提供建议的历史并不光彩。对于一名发展科学家来说，大多数建议中最引人注目的一点，就是这些建议与任何实际经验或实验研究结果都相去甚远。

回顾这段历史，我们总是能看到经典的女权主义的故事：男性“专家”给周围的女性提供建议，假设儿童教养背后的科学是女性无法理解的。但是这里也有别的因素在发挥作用。这些问题的紧迫性和棘手性导致了对专业知识的伪科学主张。医学发展的历史提供了一个很好的类比。对于人类来说，患病是一个十分迫切的问题。从萨满巫师的符咒到放血疗法，他们愿意接受建立在任何知识和权威之上的几乎任何形式的建议、疗法。在过去的 100 年里，我们已经开始把真正的科学融入进来，但这仍然是一项非常艰巨的任务。我们并不关心医生是否充分了解癌症、偏头痛或者焦虑症背后错综复杂的因素，只希望他们能让我们好起来。

许多同样的因素影响了育儿咨询的历史。我们想要确定性的答案，这为欺诈开启了方便之门。妈妈们曾经因为专家说了没到时间不要把孩子抱起来喂奶，就让宝宝躺在那里任由他们号啕大哭。她们也很可能会认同放血是更可取的疗法。

了解科学的好处之一是给我们提供了一种保护性的质疑态度。这种态度会让我们深度怀疑任何声称能让孩子更聪明或者教会他们更多知识的公式，不管是识字卡、莫扎特音乐磁带还是“更优儿童研究所”（Better Baby Institute）。我们所知道的关于孩子的一切都表明，这些人为干预往好里说是无效，往差里说，会干扰成年人和孩子之间的正常互动。**孩子是最聪明的，他们知道自己需要学习什么，而且在获得所需信息方面非常有效且有选择性。**孩子的内在机制促使他们去了解周围的现实世界，他们通过把玩真实世界里的事物来学习，最重要的是，他们通过与关爱他们的人一起游戏来学习。了解科学的最大好处在于它能使我们免于遭受伪科学的伤害。

那么科学能不能提供更积极一些的建议呢？能！

其中最重要的建议是，父母和所有成年人天生都具备帮助孩子进行学习的能力，但他们需要投入时间和精力去锻炼这一能力。

科学家告诉我们，就像孩子天生拥有学习的机制一样，我们成人天生拥有教授孩子的机制。我们前面描述了很多成人与孩子互动的行为，这些行为几乎都是迅速、自发、自主且未经预先策划的。对于婴幼儿来说，保育和教育紧密相连，不可分割。成人的教养行为所提供的恰巧就是孩子成长所需要的信息。对教养方式的最好指导或许就是将我们响应孩子的本能、长期的实践观察结果以及实验结论三者进行有机结合。事实上，贝里·布雷泽尔顿（Berry Brazelton）、本杰明·斯波克（Benjamin Spock）以及佩内洛普·利奇（Penelope Leach）等最优秀的专家提供的正是这种结合。科学研究表明，我们和孩子在一起时会做的事情就是我们应该做的事情，比如和孩子说话、做游戏、扮鬼脸以及关注孩子的一举一动等。我们只要花时间去做就行了。

然而，科学也表明，不论婴儿还是成人，人类并不具备一套固定的、反射性的学习和教育方式，一种始于更新世[①]、由进化决定且永远无法改变的行为方式。相反，人类认知系统的灵活性与其最初的丰富性一样令人印象深刻。我们天生就有了解与适应新环境的能力。当然，所谓的“黄油效应”也是存在的。我们仍然具备一些在更新世时期相当有用的本能反应，例如依然对动物脂肪持有很高的热情，但是在今天，这种热情就属于适应不良了。

但是有一种更强有力的本能导致了所谓的“健身车效应”。人类喜欢进行解释，其程度一点儿不比喜欢馅饼皮和酥饼差。解释性驱力可以帮助我们获得新的自我认识。具体来讲，这种驱力使得我们能够发现自己对动物脂肪的喜爱，也能认识到它的危害并发明新的工具进行应对。我们可以选择改造世界，或者至少可以发明诸如健身车这样的工具来应对。人类的这种反应与对黄油的反应一样自然。

养育孩子也是如此。人们需要不断调整自己的教养方式来适应环境。在

① 更新世（Pleistocene），地质时代第四纪的第一个世，距今约 260 万年至 1 万年，人类在这一时期出现。——译者注

一些十分不利的情况下，如果资源不足，有时人们甚至只能强迫自己学着放弃对孩子进行培养。在一些不幸的年代，虽然父母要付出极大的情感代价，但他们可能不得不彻底抛弃一些孩子。鉴于此，有些人类学家认为，天生的养育能力并不存在。但是这一观点成立的前提是，我们认为先天赋予人们的仅仅是一成不变的僵化行为方式。事实上，研究表明，后天养育行为也是一种自然的倾向，但是我们在不同的环境中采取的行为方式可能会有很大的不同。

对我们目前所面临的困境的一种解读方法是，我们所处的育儿环境已经发生了根本性的变化，但是我们还没有搞清楚应该做出怎样的改变来适应环境的变化。100 年前的美国，不仅在外工作的母亲数量较少，在外工作的父亲也几乎一样少。绝大多数美国人都是农民，而农家的男女老幼都在同一个地方工作、生活、学习和接受教育。女性走出家门、进入职场的运动几乎与男性同步，只有一段相对较短的历史滞后期。政治家几乎没有什么历史意识，这一点尽人皆知，或许这就是我们从未听到过让男人放弃职场、回归家庭的呼吁的原因吧。但是我们所处环境的变化，即从农业经济或狩猎经济到工业经济的发展，显然对子女的养育方式有着深刻的影响。[3]

经济学家经常告诉我们，自 1973 年以来，家庭收入一直没有下降。但是这个结论忽略了一个重要的事实，即现在夫妻双方都在工作，而且往往需要更辛苦地工作更长的时间，才能换取 30 年前只有一方工作就可以获得的同等收入。有一样对于孩子来说最重要的资源出现了严重匮乏，即成人的时间、精力和陪伴。育儿工作在 100 年前由男人、女人和整个大家庭共同承担，30 年前由女性承担，时至今日，这项工作也必须由某个人以某种方式来完成。科学研究给予我们的启示是：我们需要的不是某些专家告诉我们怎样养育孩子，我们真正需要的是有时间、空间和机会做我们该做也会做的事情，而这正是我们正在失去的。

乐观来讲，人类或许最终能够根据新的情况改变自己的行为和文化传统。我们可以继续为孩子提供丰富的物质和社会环境，让他们即使在后工业时代也可以发挥自己的自主学习能力。公立学校的发明正是对不断变化的环境的回应。眼下我们不可能一夜之间回归农业时代，而且工业时代黑暗的鬼磨坊也已经不复存在，取而代之的是信息经济时代被日光灯照得通透但或许同样令人厌恶的办公室小隔间。我们要做的是弄清楚如何在当下的环境中抚养孩子。我们需要的是创造性的智慧和意志，确保孩子能够发挥其天生的学习能力，而成年人可以发挥同样与生俱来的能力来教导他们，这不仅仅是母亲一个人的工作，而是我们所有人的工作。

我们需要在国家和个体家庭生活两个层面，在各个州、各个城市、每一所大学和每一家企业中推行这件事情。可以立即采取的措施是，为婴幼儿和学龄前儿童的保育、教育提供公共支持。我们为大龄儿童开设了公立学校，因为我们知道教育孩子是一项公益事业。我们提供公共社会保险和医疗保险，因为我们知道，在生活的某个时间段，我们会特别脆弱，需要照顾。这两个论点都适用于为婴幼儿提供关爱。对孩子来讲，充满爱心的成年人的陪伴就是他们的学校。这种公共支持可以采取多种形式，既可以通过为员工提供高薪来支持儿童保育中心，也可以通过实际补贴或税收抵免的形式给家长提供帮助。例如，或许可以引进一个代金券系统，让父母可以用代金券支付儿童保育费用，或者换取工作时间来照顾孩子。

我们也可以对职场进行一些立竿见影的改革，从而使兼职工作与全职工作享有同等的福利和报酬，让工作时间和职业道路的选择更加灵活。我们自己所在的工作场所是大学，大学既提供了绝佳的正面例子，也提供了典型的反面教材。多年来，教授们一直在家工作，可以自主制定时间表，他们的工作成效并未因此而降低。但另一方面，大学的职业结构与人的生理规律严重冲突：我们期待研究者付出最多努力和时间的时期，正好也是女性生育的时间段。

我们对婴儿需求的响应具有自动性，这表明照顾宝宝可以与做其他事情同步进行，就和更新世的人类所做的一样。在过去，母亲将孩子背在背上干活，或者父亲耕田时孩子在一旁玩耍，这样的情景到了现代，或许就是传真机摆在婴儿床边的远程办公家庭。也许同事和朋友将会替代大家庭成员的地位。爷爷奶奶、叔叔阿姨也在孩子们最需要的时候从他们的生活中消失了，并且很不幸，孙子孙女、侄子侄女也离开了我们的生活。也许我们可以建立一些制度，让那些孩子已经长大成人或自己没有孩子的人群参与到他人孩子的成长中来。

发展科学可以发挥作用，提供所需的信息，让我们重新设计自己的工具。但是，如果我们是对的，那么思考这些新的可能性、解释、推理和改变的能力，不仅仅是发展科学或其他学科科学家的职责范围。将科学和政策融合的最好方法，就是让公民接受良好的科学教育，特别是女性。她们已经认识到，对自己健康负责的最好方式是了解生物科学对乳腺癌、雌激素以及分娩等话题的论述，然后自己做出决定。我们写作这本书的目的之一就是让那些不是科学家的普通人能够了解发展科学。事实上，我们在本书中讨论的发展性研究恰恰得出了一个有趣的结论，就是非科学家也可以理解科学，科学是我们对世界正常认识的延伸。我们必须根据自身所掌握的知识和信息做出决定，而科学就是这些知识的一部分。了解发展科学可以帮助我们做出明智的决定，但做决定本身取决于我们自己。

天边一朵荣耀之云

我们之所以关心孩子，其中一个原因是我们要对他们负责。但是我们关心儿童发展的另外一个同等重要的原因，并不是孩子有一天会长大成成人，而是我们曾经都是孩子。我们研究孩子的时候，就是在研究自己；我们看着他们成长的时候，就是在审视我们是如何成为现在的自己的。发展科学研究能够为知识之问等古老的哲学问题提供新的实证解决方案。我们可以理解自己如何逐渐明白他人也拥有心智，明白在自身之外存在一个客观世界，明白声音是有含义的。我们能够看到知识是如何从最初的一个想法、从我们学习的能力以及我们与他人的互动中逐渐涌现出来的。通过研究发展获得的对知识之问的解读，其应用范围相当广泛。它不仅有助于我们了解孩子的行为，也有助于我们理解科学家的工作，甚至还能帮助我们理解艺术家和政治家的行为。

我们也可以把孩子这个全宇宙最强的学习者用作其他学习类型的模型。计算机的隐喻能够帮助我们了解孩子，对孩子的了解反过来也会帮助我们制造出更强大的计算机。孩子可以启发我们制造出一种全新的机器，这种机器不仅可以执行预定的程序，而且还能与外界交互并从中学习。了解孩子如何解码言语已经在帮助我们构建能够理解人类话语的计算机了。

了解孩子如何学习有助于我们了解我们自身是如何学习的，也有助于我们理解学习发生的机制。它有助于我们理解包括计算机和大脑在内的任何物理系统的学习原理。

但说到底，研究孩子的真正原因在于他们本身是如此可贵而有趣。当我们仔细、用心而又带着思考观察周围的一切时，这些事物总会比想象中更为有趣、有序、复杂、奇特而美好。当开普勒凝神注视着天上的星星时，当达尔文望着树上的鸟雀时，当居里夫人看着沥青铀矿时，这样的事情便发生了。当简·奥斯丁（Jane Austen）看着眼前的村庄时，当普鲁斯特（Proust）望着一块马德琳饼干时，当维米尔（Vermeer）看着一个正在做花边的女孩时，当胡安·格里斯（Juan Gris）注视着一张咖啡桌时，同样美好的事情也发生了。

当发展心理学家仔细、用心而又带着思考观察儿童的心智时，同样美好的事情也发生了。认知大链条并不存在，婴儿从最初的简单和愚蠢逐渐发展，经过童年期长大普通的成人，然后拥有超强的艺术和科学才能，这样的说法是不成立的。婴儿的心智至少和我们成人一样丰富、抽象、复杂和强大。婴儿能够思考、推理、学习、认知，也能够行动和感受。当然，他们的所思所想与我们有根本性的差别。孩子和成人惊人地相似而又惊人地不同。

这种关于婴幼儿的新观点具有道德内涵。我们之前描述过的那种政策讨论的出发点是如何把孩子培养成“正确”的成年人。但新的研究表明，**婴幼儿本身就是完整的人。**

> **我们或许无法控制孩子长大后会成为怎样的人，但是我们确实能够对孩子的生活造成巨大的影响。这些生命历程如同成年人的生活一样重要，一样有价值。**

孩子的价值并不在于他们终有一日将变成成人，而在于他们在思考、在感受，他们是活生生的个体。

在不久前，医生给小婴儿做手术时还不会实施止痛措施，因为他们认为婴儿的心智还处在过于原始的状态，无法真正感受到疼痛，即使能感觉到也不会形成记忆。这个例子很极端，它根本低估了孩子的疼痛。[4]虐待儿童之所以罪大恶极，原因并不在于受虐儿童成人后可能会变得神经质，而是因为孩子遭受了虐待这件事本身；离婚的代价不在于可能会导致孩子成人后在两性关系上存在困难，而在于离婚会对孩子造成情感上的痛苦；父母之所以重要，原因不在于他们能够影响孩子成人后的人格，而在于当他们的孩子还是孩子时，他们对孩子的生活产生的影响最为深刻。如果用心去观察孩子本身，我们对待他们的方式也会随之发生改变。

我们能从用心观察孩子中获得的最深刻的启示，是理解我们用心观察的能力源自何处。关于孩子最有趣的事情是他们对一切都非常感兴趣，最奇妙的是他们创造奇迹的能力。

著名发展心理学家约翰·弗拉维尔（John Flavell）曾经告诉我们，如果能有机会透过孩子的眼睛去看世界，哪怕只有几分钟的时间，他也愿意用毕生所获的奖励去交换。华兹华斯和布莱克等 19 世纪早期的浪漫主义诗人也有过同样的强烈愿望。他们认为童年是我们最能清晰地观察宇宙的时候，也是最能强烈地体悟这个世界的时候。“曾几何时，草地、果树、溪流还有大地，以及每一个平常景象，在我看来，似乎都披着天光。”那时我们似乎看到了“一沙一世界，一花一天堂”。[5]华兹华斯和布莱克也看到，即使是成年人，我们依然会感受到浓烈和通透的体悟瞬间。他们知道，这些稍纵即逝的灵光闪现就是创作体验的一部分，促使他们拿起笔写下诗行。

在这一点上，我们认为华兹华斯和布莱克是完全正确的。但是，他们错误地认为那些经验与推理、思考、推导和实验的经验，也就是说与科学研究是对立的。他们错误地认为，孩子的知识与科学知识是相反的。布莱克把牛顿当作自己的假想敌，但事实上，他们的相同点远超不同点，甚至两人都偶尔有点儿疯狂。科学并不是像民间传说中那样冰冷、超然的事业，而是像浪漫主义诗歌一样让人欣喜若狂的事业，甚至两者的常态都是熬夜和凌乱的头发。科学家们在自己最美好的时刻也看到了草的辉煌和花的荣耀。他们也有转瞬即逝的通透体悟，一种真与美的结合。

我们希望自己对孩子的看法没有太过于浪漫，但事实上它无疑具有浪漫主义情愫。实际上，我们认为《咏童年往事中的永生的信息》和《天真的预言》(*Auguries of Innocence*)两首诗歌所描述的正是孩子的世界。当你大脑中的每个神经元有 15 000 个突触并消耗 2 倍于成人的葡萄糖时，看到的世界就是这样的。这也依然是生而为人应有的样子，至少有时会是如此，虽然会以“信息”和“预言”的形式出现。这尤其是进行艺术创作、科学创造或者欣赏他人的艺术创作和科学创造时的样子。

新研究也告诉了我们一些其他结论。我们不仅仅获得了这些真理的暗示、这些领悟的体验和这种与世界合拍的感觉。我们实实在在地在向真相靠近，的确获得了领悟，的确与世界保持合拍。大自然对我们做了设计，目的就是理解大自然。眼睛和大脑通过进化为我们呈现了整个世界的精确画面。但是，大脑不像眼睛，不会只给出问题的唯一答案，然后就此停滞。相反，天性注定我们会建构一系列关于这个世界的画面，然后永不停歇地进行修正。这就是我们在科学和艺术中所做的事，也是我们年幼时每时每刻都在做的事。

浪漫主义情感的部分内容，就是为孩童般的通透被成年生活中更为世俗的责任和义务所取代而感到悲痛，这一点我们多多少少都有所体会。在拥有和失去间，我们消耗着人生，已经对曾经看见的美视而不见。我们描述的浪漫主义视角似乎把普通人的成年视为一种失去、一种堕落，只有小部分天才成年人才能与之进行短暂的抗衡。

但是，这种看法忽略了事物的另一方面，即这一过程中我们作为成人拥有的独特恩赐。尤其是在肩负起照顾孩子的成人义务时，我们并没有放弃这项浪漫主义的工程，而是参与其中了。我们参与的方式很简单，就是观察孩子。

想想平日里一些完全不起眼的日常步行，比如去几个街区之外的“711”便利店。同样的路，如果是和一个 2 岁大的孩子一起走，那么就好像和威廉·布莱克一起去买牛奶一样。平常的街道变成了马戏团。这里有门，这种门只朝一个方向开，如果你推门的方法恰当，门还会来回摆动。这里有矮墙，可以在上面走，但要走得非常小心。这里有画了迷人的规则图案的下水道井盖，还有色彩鲜艳的比萨饼传单。这条路上还有一些有趣的陌生人，孩子们需要躲在爸爸妈妈具有保护性的大腿后面仔细观察。这里有一个不折不扣的动物园，从微小的西瓜虫和蚯蚓到一只狂吠的狗，这会带来多大的兴奋或者恐怖呀！这趟“711”便利店之旅变得比以前有趣了 100 倍，尽管所花的时间也是之前的 10 倍。孩子们的样子能够唤醒我们自己经久不衰的创造奇迹、获取知识的能力。

但是，我们不仅仅是浪漫主义天才施展才华的见证者。照顾孩子的时候，我们也在帮助人类发现真理、了解世界。当然，很多时候我们的工作就是换尿布、擦鼻涕以及做花生酱三明治，而担心和疲惫也是我们生活的常态。但是，其中很大的一部分，尤其是最美好的部分，比如亲吻和爱称、游戏和笑话，原来都是这项更宏大事业的一部分。或许我们未曾想过，逗宝宝有助于解决古老的哲学难题“他心问题”，没想过玩捉迷藏与形而上学有关，也不曾料到儿语里蕴含着语言意义问题的答案。但所有这些都是发展认知科学研究所得出的结论。造物者赋予我们天性，让我们在追求普普通通的小幸福的过程中完成了人类最庞大的工程。

致谢

与任何科学门类一样，发展科学这一新学科有赖于成千上万科学家的共同努力。在书中我们无法逐一详尽介绍他们，况且这样做也会让读者感觉自己好似在参加一个派对，而大家老是在谈论一些他们不认识的人。我们在书后附加了详细丰富的注释和参考文献，算是对这一点的些许弥补。这一设计旨在为我们的观点提供科学依据，以及为读者提供对核心观点的论述最为清晰到位的资料。

本书想要传递的信息之一是，孩子之所以能够完成如此多的不可能，是因为拥有那些关爱他们的人的帮助。对于写作者来说，这一点尤为重要。本书的成书有赖于整整一代科学家的努力，他们的研究表明，婴儿拥有心智，且研究这些心智意义非凡。此外，本书的成书也离不开成千上万的父母和孩子对这些研究的慷慨支持及热情参与。

我们的理论和研究受到了美国国家科学基金会（National Science Foundation）和美国国家卫生研究院（National Institutes of Health）的资金支持。我们受到了美国加州大学伯克利分校心理学系、人类发展研究所（Institute of Human Development）及认知科学研究所（Institute of Cognitive Studies）的大力支持，也得到了美国华盛顿大学心理学系、言语及听力科学系（Department of Speech and Hearing Sciences）和人类发展与障碍研究中心（Center on Human Development and Disability）的帮助。我们也向以上两所大学的同事和学生致以衷心的谢意。

感谢约翰·坎贝尔（John Campbell）和丹尼·波维内利（Danny Povinelli）阅读本书的初稿并做出评论。遗传的幸运格外眷顾我们：慷慨的兄弟、杰出作家亚当·高普尼克（Adam Gopnik）提出了富有建设性的评论和建议，朱利安·梅尔佐夫（Julian Meltzoff）贡献了他作为一名父亲、一个科学家和一位深具同理心的读者的智慧。我们的代理人卡金卡·马特森（Katinka Matson）为这一工程的实现提供了巨大的帮助。来自莫罗（Morrow）的杰出编辑托尼·夏拉（Toni Sciarra）给予了我们一如既往的热情和帮助。我们也要感谢基思·穆尔（Keith Moore）数年来的合作共事，感谢克雷格·哈里斯（Craig Harris）、卡勒·费希尔（Calle Fisher）和埃丽卡·史蒂文斯（Erica Stevens）在调查研究和终稿准备过程中提供的帮助。

最后，作者总是要感谢他们的家人。对于本书来讲，这部分的致谢有着格外重要的意义。回首童年往事对我们来说是一件十分愉悦的事，因为我们自己的童年温暖而又灿烂，身边有关心爱护我们、教会了我们很多的父母和兄弟姐妹。我们要特别感谢：Irwin and Myrna Gopnik、Adam、Morgan、Hilary、Blake、Melissa；Julian and Judith Meltzoff、Nancy；Joe and Susan

Kuhl、Delphine、Donna、Benno and Shirley。

将科学与孩子结合在一起并不仅仅是本书的研究课题，也是我们生命中最重要、带给我们最大满足感的一项事业。安迪和帕特是夫妻，彼此心怀感恩，而艾莉森想要对她的丈夫乔治·莱温斯基（George Lewinski）表达最深的感激之情，感谢他对这一事业提供的帮助。要不是我们的孩子们——Katherine Meltzoff、Alexei、Nicholas and Andres Gopnik-Lewinsk，这本书不可能写成。我们把这本书献给他们，也献给其他所有人。

注释及参考文献

考虑到环保的因素，也为了节省纸张、降低图书定价，本书编辑制作了电子版的注释。

扫码查看本书全部注释内容

译者后记

看到宝宝粉嘟嘟的脸蛋、小小的嘴巴、俏俏的鼻子还有闪闪发亮的眼睛，或许再严肃、再僵化的人也会瞬间融化。我们“呜啦呜啦”和他们说话时总是不禁会想：这个小脑瓜里到底在想些什么？除此之外，我们或许还有更多的问题：孩子如何看待他人？孩子如何认识世界？孩子如何学习语言？父母以及所有关心他们的人应该如何帮助他们学习和成长？如此等等。

这本书就是对以上问题的解答。作者提出了三个经典的哲学问题，即他心问题、外部世界问题和语言问题，并分析了婴儿如何解决这三个问题。在探讨这三个哲学问题的过程中，作者阐述了三个核心观点，即婴儿天生就已经具备很多知识，婴儿拥有强大的学习机制并可以学习更多，而成人天生就有帮助婴儿学习和成长的本能。孩子认识世界、思考世界的方式与科学家在很多层面都非常相似。作者援引了大量的科学研究成果和实验来佐证自己的观点，这些成果和实验中有很多都是他们首创的。

这是一本很让人惊喜的书。本书的作者是三位科学家，但是里面没有板着脸的说教，也没有大量晦涩的逻辑论证和烦琐理论。这是一本读者能很快上手的书，但又不失其权威性。此外，书中包含了许多有趣的研究，尤其是妙趣横生的实验。而作者的语言也十分风趣幽默，有时会让人觉得，原来科学家也可以这么可爱！

我们周围充斥着五花八门的育儿书籍，稍稍留意一下就会发现，这些书十有八九都是育儿建议类或者经验分享类的。诚然这类书有它们的价值，但是正如作者在前言中所述，这不应当成为父母获取儿童成长发育知识的唯一渠道。这本书的写作初衷就是为父母和所有关心孩子的人提供一个了解发展科学的低门槛渠道，让人们从科学的视角去审视自己和孩子的行为，做出最好的决定。这本书并没有提供具体的育儿建议，比如如何让孩子好好吃饭、如何让孩子不生病或者睡得好，而是从科学的角度给出了所谓的育儿“建议”，比如父母和所有的成人天生都具备帮助孩子学习的能力，但他们需要投入时间和精力去锻炼这一能力等。

在翻译这本书的过程中，我们迎来了第一个宝宝。在这样的时刻翻译这样一本有关早期学习和婴幼儿心智的书，既是最糟糕的时刻，也是最适宜的时刻。孩子的出生真的是人生的分水岭，我们从此过上了哭声、尿布和奶瓶齐飞的日子，很少有整段的时间翻译书稿。然而也是因为升级做了父母，我们对书中提到的一些概念和现象也有了更直观及深刻的认识，能够让我们更好地理解作者所要表达的意图。因此，我们的生活中多了一件乐事：翻译到一个有趣的实验，就去和婴儿床里的“科学家”做验证。当你在翻译一本讲述“宝宝也是科学家”的书时，身边正好有一个“科学家”宝宝给你现身说法，没有比这更好的时刻了。

作为手忙脚乱的新晋父母，之前的翻译计划完全被打乱，不得不一再延期交稿。感谢湛庐文化的方妍编辑对我们的肯定和支持。这本跨年的译作能最终完稿，也离不开家人的支持，在这里对他们表示最诚挚的谢意。我尤其要感谢苏州工业园区服务外包职业学院的林文韵老师，她既是我的爱人，也是我的合译者。没有她在家庭和翻译中的付出，或许这本书到现在还无法完稿。

最后，我们真诚希望这样一本由走在发展心理学前沿的优秀科学家用热情和真诚写就的书，能给读者们带来愉悦和启发。囿于知识和水平限制，书中肯定还有很多谬误和晦涩之处，恳请读者们指正。感激不尽！

杨田田

于苏州大学文正学院翠微湖畔

未来，属于终身学习者

我们正在亲历前所未有的变革——互联网改变了信息传递的方式，指数级技术快速发展并颠覆商业世界，人工智能正在侵占越来越多的人类领地。

面对这些变化，我们需要问自己：未来需要什么样的人才？

答案是，成为终身学习者。终身学习意味着具备全面的知识结构、强大的逻辑思考能力和敏锐的感知力。这是一套能够在不断变化中随时重建、更新认知体系的能力。阅读，无疑是帮助我们整合这些能力的最佳途径。

在充满不确定性的时代，答案并不总是简单地出现在书本之中。“读万卷书”不仅要亲自阅读、广泛阅读，也需要我们深入探索好书的内部世界，让知识不再局限于书本之中。

湛庐阅读 App：与最聪明的人共同进化

我们现在推出全新的湛庐阅读 App，它将成为您在书本之外，践行终身学习的场所。

不用考虑“读什么”。这里汇集了湛庐所有纸质书、电子书、有声书和各种阅读服务。

可以学习“怎么读”。我们提供包括课程、精读班和讲书在内的全方位阅读解决方案。

谁来领读？您能最先了解到作者、译者、专家等大咖的前沿洞见，他们是高质量思想的源泉。

与谁共读？您将加入到优秀的读者和终身学习者的行列，他们对阅读和学习具有持久的热情和源源不断的动力。

在湛庐阅读 App 首页，编辑为您精选了经典书目和优质音视频内容，每天早、中、晚更新，满足您不间断的阅读需求。

【特别专题】【主题书单】【人物特写】等原创专栏，提供专业、深度的解读和选书参考，回应社会议题，是您了解湛庐近千位重要作者思想的独家渠道。

在每本图书的详情页，您将通过深度导读栏目【专家视点】【深度访谈】和【书评】读懂、读透一本好书。

通过这个不设限的学习平台，您在任何时间、任何地点都能获得有价值的思想，并通过阅读实现终身学习。我们邀您共建一个与最聪明的人共同进化的社区，使其成为先进思想交汇的聚集地，这正是我们的使命和价值所在。

浙江省版权局图字：11-2023-153

图书在版编目（CIP）数据

孩子如何学习 /（美）艾莉森·高普尼克，（美）安德鲁·梅尔佐夫，（美）帕特里夏·库尔著；林文韵，杨田田译. —杭州：浙江科学技术出版社，2023.5（2025.12 重印）
ISBN 978-7-5739-0596-3

Ⅰ. ①孩… Ⅱ. ①艾… ②安… ③帕… ④林… ⑤杨… Ⅲ. ①儿童心理学—学习心理学—研究 Ⅳ. ① G442

中国国家版本馆 CIP 数据核字（2023）第 075955 号

书　名	**孩子如何学习**		
著　者	[美] 艾莉森·高普尼克　[美] 安德鲁·梅尔佐夫　[美] 帕特里夏·库尔		
译　者	林文韵　杨田田		

出版发行　**浙江科学技术出版社**
地址：杭州市环城北路 177 号　邮政编码：310006
办公室电话：0571-85176593
销售部电话：0571-85062597
E-mail:zkpress@zkpress.com
印　刷　定州启航印刷有限公司

开　本	710 mm × 965 mm　1/16	**印　张**	15
字　数	180 千字		
版　次	2023 年 5 月第 1 版	**印　次**	2025 年12月第 5 次印刷
书　号	ISBN 978-7-5739-0596-3	**定　价**	99.90 元

责任编辑	陈淑阳	**责任美编**	曹莞君
责任校对	张　宁	**责任印务**	吕　琰